沈尹默未刊遺稿三種

沈尹默 著
沈長慶 整理

文物出版社

圖書在版編目（CIP）數據

沈尹默未刊遺稿三種 / 沈尹默著 ; 沈長慶整理. -- 北京 : 文物出版社 , 2021.4

ISBN 978-7-5010-7079-4

Ⅰ. ①沈… Ⅱ. ①沈… ②沈… Ⅲ. ①沈尹默（1883-1971）—文集 Ⅳ. ① C53

中國版本圖書館 CIP 數據核字 (2021) 第 030827 號

沈尹默未刊遺稿三種

著　　者　沈尹默
整 理 者　沈長慶

責任編輯　趙　磊　陳博洋
責任印製　張　麗
出版發行　文物出版社
地　　址　北京市東直門内北小街 2 號樓
郵　　編　100007
網　　址　http: //www.wenwu.com
製版印刷　北京榮寶藝品印刷有限公司
經　　銷　新華書店
開　　本　965mm × 1270mm　1/16
印　　張　9.5
版　　次　2021 年 4 月第 1 版
印　　次　2021 年 4 月第 1 次印刷
書　　號　ISBN 978-7-5010-7079-4
定　　價　98.00 圓

沈尹默先生（1883—1971）

沈尹默先生在書寫《祖國頌》

目録

整理說明

前不久，我的兩位朋友楊曉青先生和張一鳴先生出版了祖父沈尹默的兩本論書著作，一本爲《我的學書經歷和書法的群衆化問題》，另一本爲《沈尹默疏〈梁文山先生評書帖〉廣義》。祖父是一九七一年六月不幸離世的，身後有一批手稿一直流失在外未曾刊行，此其二也。

這批流失的手稿多是祖父晚年讀帖論書的真知灼見和對人生經歷的感悟，其中不乏其一生書學思想的精華以及一些鮮爲人知的故事。目前，仍有若干篇論書遺稿因種種原因暫未整理出來。在朋友們的關心下，我不揣學淺，又從中撿出祖父三篇手迹，即：《書法雅言校注》《文字改革中的創造通用書法字體問題》《胡適這個人》。我仔細反復辨認和考證，經過多方努力和近一年的勞作，終於將這些文字整理出來，爲此特向提供幫助的各界朋友致謝。

祖父這些手稿涉及面較爲寬廣，既有書學理論的闡述，也有自身經驗的總結，還有對歷史事件的回顧。

其一是《書法雅言校注》。明末萬曆年間，項穆（號德純）的《書法雅言》在書法界影響深遠，但後人鮮有批注。祖父的批跋，尤其是藍色字的『尹默曰』，不啻爲學書者的名言警句。項穆的『雅言』以正統儒家思想角度審視歷代書家，因此僅以二王爲正統，排斥或貶低其他諸家。按説祖父是在清末民初帖學衰微的局面下，高舉『二王』帖學大旗的代表人物，爲何晚年又站在另一角度審視『二王』呢？其實，這正如祖父在本書中所説：『德純格局偏狹，境界未開，知二王前有鍾張，亦知鍾張有别於二王，然固執二王而不許後人稍逾範圍。若此，孟軻豈非儒家之異端，程朱乃名教之罪人耶？彼蔡蘇黄米也非王門奴僕，蓋再造書道之功臣，豈泥古之卑論哉？歐顔之後，楷書與二王殊途，孰有間言，蘇米繼起，行書與二王異趣。』足見祖父讀書時極有主見，對前人觀點不乏揚棄，絶不一味附和。《書法雅言》作爲日課，祖父抄寫了三十七頁，連同批跋每頁有八九百字之多。祖父的引證出處粗略統計涉及歷代書論五十七種、書家人物三十多位，在没有計算機可以隨時查詢的時代，祖父主要依靠歷年讀書的記憶，實屬不易。資深書法評論家蔡才龕先生見到此文後，感慨地説：『書法家張宗祥一生抄書卷數以千計，一晝夜書寫二萬五千字，尚承認比之沈尹默刻苦程度自愧不如。』祖父説：『予竊古人之風，居家日課，率作細字，十餘年間，約計百萬字。』更難能可貴的是在抄寫後，祖父做了精細梳理，用紅筆作集解，黄筆簽閲，藍筆批跋。此爲祖父存世唯一四色圈識批校稿本。祖父的批跋不僅僅是對作者的書論觀點的點評，更是他的書法史觀的一次全面闡述。正如某位書家所云：『有書法的藝術，有經驗的總結，有理論的闡釋，有道與術的辨析，有信與異，有破有立。』本次整理，我們將批跋中考訂《書法雅言》版本異同的部分用行間小字夾注的形式排在正文中，將集解和批注的部分用仿宋體附在各篇正文之後。衍字和明顯的誤字用『（）』標出，脱字和據文義徑改的字用『〔〕』標出，不能識别的字用『□』標出。由於原稿年久墨色漸退，又是蠅頭細字，加之本人水平有限，難免還有不合之處，请讀者指正。總之，本篇權當作爲祖父晚年論書的補充，以及對祖父的告慰吧。

其二是《文字改革中的創造通用書法字體問題》。本篇中心思想源於『五四』時期，成文於二十世紀五十年代。祖父是振興現代帖學的領軍者，在碑學佔據絶對統治地位的清末民初時期，以康有爲爲代表的士大夫集團摒棄帖學，唯碑學是從，祖父之所以能够以大無畏的革命精神提倡帖學，這一初衷緣於他積極投身新文化運動，他不僅是白話新詩的代表人物，更是書法改革的代表人物。他以辯證的、發展的觀點認識到以『二王』爲代表的帖學具有極强的生命力，他認爲當時祇有帖學纔能引領和帶動近代中國書法的正確發展方向，因爲他認識到帖學發展的基礎是人民，是源於最爲廣泛的平民百姓，是和廣大人民生産生活息息相關的，是人們日常書寫信札、記帳、記筆記所離不開的書體，而這正是新文化運動時期所提倡的革新文化、推動歷史發展的核心内容。所以他在這篇文章中指出：『歷來封建時代的書法家很少有真正瞭解書法史的，對於書法演進的歷史缺乏瞭解，書法對於他們來説不過是一種顯示他們具有一種與一般人民群衆不同的所謂高貴身份的實用工具。我們不妨大膽的説，碑學家們不光是不瞭解書法演進的歷史，並且還是在走回頭路。』

其三是《胡適這個人》。此篇原本是祖父一九五一年十二月二日參加由《大公報》組織的『胡適思想批判座談會』的發言稿，發言記録整理後，於十二月十六日在《大公報》上發表。此文目前共有三種版本，一是大衆所熟知的《大公報》發表的經過整理的發言稿，一種是帶到會場的鋼筆發言底稿，再就是此次出版的未曾面世的原稿。原稿包括鮮爲人知的新文化運動中的種種細節，以及有關『五四』白話詩誕生前後的一些故事。祖父在發言中，没有用激烈的語言，更没有嚴厲的批判行爲，衹是説到胡適住所，一向嚴謹治學的祖父看到胡適正爬在像小山一樣高的書堆中，從一本本翻開的書上東抄西抄時，激動地站立起來，拍了一下桌子，厲聲説道：『這難道是做學問的樣子嗎？』這不正是祖父幽默的處事方式嗎？然而遠在美國的胡適得知後，暴跳如雷氣急敗壞地説：『沈尹默的一篇則是全篇扯謊！這人是一個小人！但這樣的下流扯謊倒是罕見的！』本次出版了過去一直没有發表過的部分材料，披露了祖父不僅一向對胡適維護有加還曾被朋友們批評的情況。因而這些資料無論對於研究這段歷史或研究『五四』新詩的朋友們，都是不可多得的珍貴文獻。《文字改革中的創造通用書法字體問題》和《胡適這個人》兩篇文章添加了整理者所作的注釋，供讀者參考。

此次以原色原大影印出版祖父的未刊遺稿三種，不僅爲書法愛好者提供了欣賞祖父書法的機會，也爲書法理論研究者和近代歷史研究者提供了珍貴的史料。二〇二一年又恰逢祖父逝世五十周年，謹以此書作爲紀念並寄託後輩哀思。

沈長慶

二〇二〇年七月於雀竹齋

書法雅言

明 項穆德純撰

書統

河馬負圖洛龜呈書此天地開文字也羲畫八卦文列六爻
此聖王啓文字也若乃龍鳳龜麟之名穗雲科斗之號
篆籀嗣作古隸爰興時易代新不可殫述信後傳今
篆隸焉爾歷周及秦自漢逮晉真行迭起章草寖孳
從文字菁華數宣畫矣然書之作也帝王之經綸
聖賢之學術至於玄文內典百氏九流詩歌之勸懲碑銘之
訓戒不由斯字何以紀辭故書之爲功同流天地翼衛教
經者也夫投壺射矢猶標觀德之名作聖述明本列入仙

《書法雅言校注》手稿

品。宰我稱仲尼賢於堯舜，余則謂逸少兼乎鍾張。

大統斯垂，萬世不易。第唐賢求之筋力軌度，其過也嚴

而謹矣；宋賢求之意氣精神，其過也縱而肆矣；元賢

求之性情體態，其過也溫而柔矣。其間豪傑奮起，

不無超越尋常，概觀習俗風聲，大都互有優劣。明

初肇運，尚襲元規，豐、祝、文、姚，竊追唐躅，上宗逸少，

大都畏縮，不變乖人，時而為翰墨，因畏於彼。逸少，我

師也，所願學是焉。奈自祝、文絕世之後，南北王、馬亂

真，邇年以來，競倣蘇、米，王、馬疏慵，僅知其非，蘇、

米激厲矜誇，罕情頗跡，勤風一倡，靡不可追，攻乎異

余知鍾錄有初復不具別

古謂之之草各之行楷書傳是楷

楷行草體從之二義而逸少兼之

元賢求之真術眩之字

明初尋成作戲明

端，實則微甚。後學術經論，皆由心起，其心不正，所動悉邪。宣聖作春秋，子輿距楊墨，懼道將日衰也，其言豈得已哉。柳公權曰：心正則筆正。余則曰：人正則書正。取舍諸篇，不無商韓之刻；心相等論，實同孔孟之思。六經非心學乎？傳經非六書乎？正書法，所以正人心也；正人心，所以閑聖道也。子輿距楊墨於昔，予則放蘇米於今。垂之千秋，識者復起，必有正書之功，不愧為聖人之徒矣。

○古今

書契之作，肇自頡皇；佐隸之間，興於嬴政。他若鳥宿

政 集成誤作正

……新近蒐藝業之流。非學瑞於書畫圖形象

於一日。求見真蹟。往著宜名。風範既湮。沒案因探

修今傳後。交錯風文。探頤搜奇。要妙道用。故書法

之目。止以篆籀古文。兼乎真行草體。書法之宗。獨以

羲獻。書永。經以虞褚陸顏。他乎急就飛白。亦當游

心。跡張李柳。或可浮日。所謂取法乎上。僅得乎中。初

視後覺。冀追前哲。經因生今之世。不能及古之人。字成

此諸為追世情於字者。廣開方便之門矣

一家。不如廣師群妙者也。米元章云。時代壓之。不能高

古。自畫國老。又云。真者古前氣焰攝人。長絕益深。至

謂書不入晉。終成下品。若見真蹟。惶恐殺人。既稱二王

獨擅書宗。文灩後人。不勝嚮學古之章。功罪足相衡矣

黃。美術作黃

宗。美術宗上原衍中

初。美成作切

經因生今之世。美術作既遂今之世。操美成改

尹張曰我有的自學佰嘗有二體。蔡佰嘴王姓之是一體。當時題匾額所用者是也。扼楷子高天師所傳又是一體。唐宋兩朝天子所書者是也

賓族論書表二云古質而今妍
數之常也愛妍而薄質人之情也
鍾張方之二王可謂古矣豈得無妍
質之殊且二王暮年皆勝於少年
之間又為今古者數家變妍則同矣
豈也然後者既微而會意脫法拔
同為後者之楷範為代之模式

林美術作品集成同時誤

嗟世之不學者，固无論矣。自稱能書者，有二病焉：嵌摟
淘鈞之支，每慕陸於秦漢丹篆，窺之業，恒滯於
宋之太過不及，蔽生拘均，盡謂今之不及古者，每云今
妍古質，以奴書為誚者，自稱獨擅成家，不學古法者
已根淳華，稍飲之風，上探下宗，亦異巢居穴處之俗，生
乎三代之世，不為三皇之民，劉生今之時，要必反古之
道，是以堯舜禹周，皆聖人也，獨孔子為聖之大成；史
李蔡杜，皆書祖也，惟右軍為書之正鵠。奈何泥古之
徒，不悟時中之妙，專以一畫偏長，一波故壯，妄誇崇質

……之風。豈知三代後賢，兩晉前哲，尚多太樸之意。宣聖曰：文質彬彬，然後君子。孫過庭云：古不乖時，今不同弊。審斯二語，與世推移，規矩從心，中和為的。謂之曰：天之未喪斯文，逸少於今復起，苟徽斯人，吾誰與歸？

辨體

夫人靈於萬物，心主於百骸。故心之所發，蘊之為道德，顯之為經綸，樹之為勳猷，立之為節操，宣之為文章，運之為字跡。爰作書契，政代結繩，刪述侔功，神仙妙有。非夫通人上智，孰能玄鑒入神？但人心不同，誠如其面，由中發外，書亦云然。所以染翰之士，雖同法家，揮毫之際

好成體質，孜之先遒，固有謂焉。孫過庭曰：矜斂者弊

於拘束，脫易者失於規矩，躁勇者過於剽迫，狐疑

者溺於滯澀。此乃舍其所長而指其所短也。夫悟

其所短，而恒心於苦練；恃其所長，而多盡於自滿。殊

不因短而攻短，亦就長而則長，使藝成獨擅，不

安於一得之能，等為專門，兼通於通方之妙理，不辭揆

知罪，甘為人之性情，剛柔殊稟，手之運用，乖合

互形。謹守者拘斂襟懷，縱越者度越典則，速動

王羲之而下少年書其法之把筆振腕學字不惜力因則潤智度則溫果則勁速則峻內貴氣身

貴虛於不斷伏不寧內適非道皆揣非遠靈之愜適若之情請枝法也

者驚急無蘊，遲重者怯鬱不飛，簡峻者挺掘鮮遒，

嚴密者緊實寡逸，溫潤者妍媚少節，標險者雕

會先萬……

襟美術誤作雜

揭道傳

尹疑曰謹守縱逸速動遲重

簡峻嚴密溫潤標險雄偉

婉暢莊質流麗駿動纖茂

質者蓋嫌魯樸，流麗者復過浮華，駛動者似欠精深；纖茂者尚多散緩，爽健者涉於剽勇，穩熟者缺彼新奇。此皆因夫性之所偏，而成其資之所近也。他若偏泥於古體者，蹇鈍之迂儒；自用為家者，庸僻之俗吏。任筆驟馳者，輕率而踰律；臨池擬橅者，拘拙而傷神。專尚清勁者，枯峭而罕姿；務工豐艷者，濃鮮而乏骨。此又偏好任情，甘於暴棄者也。第施教者貴因材，自學者先克己。審斯二語，厭倦兩忘。世推移，量人進退，何慮書體之不中和哉。

米芾述書帖云古而不俗雅而不怪老不枯潤不肥

黃庭堅論書云學書端正則窘於法度側筆取妍往往工左而病右

邪謬異端

熟 集成誤作執

○剛質 碑學家常應來書

懷　美術誤作懷

變　集成誤作变

張懷瓘書斷云：杜氏傑有骨力，而字畫微瘦；崔氏之法，書體甚穠，結字工巧。○羊欣采古來能書人名云：鍾繇、胡昭俱學書於德升，而胡書肥，鍾書瘦。○梁武帝觀鍾繇書法十二意云：元常謂之古肥，子敬謂之今瘦。今古既殊，肥瘦頗反。如自省覽，有異眾說。張芝、鍾繇巧趣精細，殆同機神。肥瘦古今，豈易致意。

穹壤之間，齒角爪翼，物不俱全，氣稟使然也。書之體狀多端，人之造詣各異，如欲窮微兼備，尚[illegible][illegible][illegible]今書家然。天地之氣，陰陽燠寒，風雷霜雪來，備時敘，萬物榮滋，極而過之，化工皆害，故聖有參贊之功，君相有燮理之任，皆所以節宣陰陽而調和元氣也。是以人之所稟，上下不齊，性賦相同，氣習多異，不過曰中行，曰狂，曰狷而已。所以人之於書，得心應手，千形萬狀，不過曰中和，曰肥，曰瘦而已。若而書也，脩短合度，輕重協衡，陰陽得宜，剛柔互濟，猶世之論相者，不肥不瘦，不長不短，為端美也，此中行之書也。若專尚清勁，偏乎瘦矣，瘦則骨氣易勁，而

體態多瘠，獨工豐艷，偏乎肥也。肥則體態常妍，而骨
氣每弱。猶人之論相者，瘦而露骨，肥而露肉，不以為佳；瘦
不露骨，肥不露肉，乃為尚矣。使骨氣瘦峭，加之以沉密
雅潤，端莊婉暢，雖瘦而實腴也；體態肥纖，加之以
便捷遒勁，流麗峻潔，雖肥而實秀也。瘦而腴者謂
之清妙，不清則不妙也；肥而秀者謂之豐艷，不豐
則不艷也。所以飛燕與王嬙齊美，太真與采蘋
均麗。譬之桂之四分，梅之五瓣，蘭之孕馥，菊之含
丰，芍藥之富艷，芙蕖之燦灼，異形同翠，殊質
共芳也。臨池之士，進退於肥瘦之間，深造於中和之妙，
是猶自狂狷而進中行，慎勿自暴自棄者。

張懷瓘評書藥石論云：夫馬
筋多肉少為上，肉多筋少為下，書
亦如之。又云：若筋骨不任其脂肉，在
馬為駑駘，在書為墨豬。

東坡論書云：肥字須要有
骨，瘦字須要有肉。古人字書
其工處，今人字書肥瘦從病。又常
偏得其人魏重要。
米芾述書帖云：字要骨格，肉
須裹筋，筋須藏肉，帖乃秀潤。

書集成作引之于

宣和書譜云楷隸之主論以性之与習自是兩途有字性不可以無字自字字者須不可以無性將真為主以習而無性未是書也得性而無習者其生也拙畫以謂有頓挫綿墨者其習也至於超詣絕塵處則非性不可二者相有一而成相無以相廢是以說須有以論其說五為說曰羲之七子獻之能嗣其學則見用以不及人然或更學書眼目一經細看一過便之能為此論則終知書之病也夫

解文衡說作繩

尹熙曰既遠以來自所謂書家者只擅一體真書如韓宮以古之中宮大字如此寫小字則如此寶恐轉為宗譚民處然之之前家作書天大宗者必孳養子而書前博求

品格　以後總所論書分為五宗正宗謂名家宋明諸家則是大家矣

夫質分高下，未必群妙攸歸；功有淺深，詎能美善咸盡。因人而各造其成，就書而分論其等，擅長殊技，略有五焉：一曰正宗，二曰大家，三曰名家，四曰正源，五曰傍流。并列精鑒，優劣定矣。會古通今，不激不厲，規矩諳練，骨態清和，眾體兼能，天然逸出，巍然端雅，奕矣奇解，此謂大成已集，妙入時中，繼往開來，永垂模軌，一之正宗也。篆隸章草，種種皆知，執使轉用，優優合度，數點宗畫，形質頗殊，奇寄終高，韻態過別，脫胎易骨，變相改觀，雖之世祿臣室，子寶盈藏，時出其陳，換驚神目，二之大家也。其一入書豐支多七

米植字

仲某戏作仰止子

尹赵曰謹之孔孟以後此種議
成风者可羅之曰倚上手數之
曰新法條備之常变惟未明
常变之異耶二未通古今之
窒譜者不可不察也

俊逸遒麗又清秀豐麗或鼓骨格或炫標姿意氣不
同性矣米寶晉之踪卜相銜聲譽虞地未免偏工矣
或獨步三之名家也溫而未厲恭而少安威而寡奉清
而歉潤屈伸背向儀其儀形揀選張弛恰適其
則猶之清白舊家循良子弟未弘新業未墜先聲
四之正源也縱放悍野貫巧穿鋒標置狂顛總未
歸律引倫絕持鼓弄跳躍趯挑蹙繆枯瘦而嶙峭或穢
肥而沦濁[illegible]之異丹青珍瑕味[illegible]作山[illegible]俗[illegible]物也
風海餘一鱗似龍也斯謂倚流其居五岳支正宗
有矣大家其博名家其專乎正源其謬倚流其偏斯欲其博也先專其自專而博規矩通變志
伸也窮證也諧而專
氣和平寢食不忘心手多欣雅未必如文正宗論越可名

字之到矣。

○資學 謂之書述之長於書也非天賦之性曰資要訣然後積功學思則不能窮其奧妙

書之法則，點畫攸同，形之楮墨，性情各異，猶同源分派，共樹殊枝者，何哉？資分高下，學別淺深。資學兼長，神融筆暢，苟非交善，詎得從心？書有體格，非學弗知。若學優而資劣，作字雖工，盈虛舒慘，迴互飛騰之妙，用無誤也。書卻神氣，非資莫明。若資邁而學疎，筆勢雖雄，鉤揭導送，提搶截拽之權，度猶未熟也。所以資貴聰穎，學尚浩淵，資過乎學，每失顛狂，學過乎資，猶存規矩。資不可少，學乃居先。古人云：蓋有學而不能，未有不學而能者也。然而學可勉也，資不可強也。天資

異乎術作畫

盈虛舒慘 異術謀作盈

舒慘條

8

纪于趋炫巧，色飞魄绝于一时；学识谙练，入规之德难，
俯范垂模于万祀。孔门一贯之学，意以参鲁得之，甚哉
学之不可不讲也。然人之资禀，有温弱者，有刚勇者，
有迟重者，有疾速者。知其人之私，加以学勉之不已，
渐入于安，万川会海，成功则一。若下学之际，梏温拘挛，
苦迫蹇钝，是犹朽木之不可雕，顽石难琢也已。虽其
学识之隆，字画极调，愈唱愈熟，无益唇齿漏风喉舌，
妙续须从学之终矣，益哉。

附评

尹跋曰：徒倚揣摩，偏猥琐矣。求同之至于前有钟张，不知张钟者列于二王，世间执二王而不许后人稍逾其阃，然时尽打空，非传宗之异论，释朱乃无教之罪人耶？附蔡苏黄米也，非王门如僕董真迹。

夫自周以后，由汉以前，篆隶居多，楷式稍寡，真草以降，达时好时上古。且详今古，史道之统绪，始自三代而定于东周，书之源流，肇自六书而盛于两晋。宣尼称贤，四中逸少，永宝为训，盖谓通今会古，集彼大成，万汇斯归，改易者也。第自晋以来，染指诸家，史牒新名，缥缃著姓，代不乏人，论之能手，书道之功，岂诸方之书僭然。欧颜之后，楷书与二王张途，熟有闻之，薛米徐赵门，书与二王异趣。

若六體居下真跡各傳予之所引後識高聞張鍾羲獻書宗

四絶良可據為執躡美作指南使之四賢資學兼至者也照細詳其品

六有五美張之學鍾之資不可為已逸少資敏乎張而學則精勤不窮乎

鍾而資劍激逸伯英學逸中矣資居七焉之常劍及乎張逸少皆以

其十九子敘資章草藻齋徹之常學力未深生乎虞張草情其蘭杼不

永躓彼發牝玉琢後虞曉返驥騄自之勝父有所特也加一數年

堂萍謂乱六朝名家智永精熟學師深矣子雲飄拳資稱茂為

爰行虞賢之資禧李標懺論乎學力陸顏紫鑾若虞為歐不孫子撕

盛真張旭王百瘞章式學六七而資四五式資六七而學四五觀其草勢

生熟姿態端娥概可辨矣宋之名家君謨為首齋苑唐賢未水之

朝書深處植李蘇黃米邢正相半總而言之傍流品也後之書法子

布正源抑合伯機六可接武協婧手優背氣皆夢君謨學六而

張草 集成誤作章草

資六七而學四五 藝術集成皆誤作資四五而學六七 逸改之

辨 集成誤作辯

文衍多

手美術作買

尹默曰字之骨氣需在筆能扛鼎如一味險…閑法七子昂點畫圓秀然…張長袁樹宗骨力剛硬二千年間罕有其匹

草章集成誤作章草

綱美術集成皆誤作剛

袁字力求剛健用其資觀其纖穠論唐之趙鄧文排比之全氣子昂之
學士擬陸柬之骨氣乃弱酷似其人大抵宋兴資勝于學文子學優
于資使復之專之肯賢勵子昂之精專宋君謨之遒勁師魯直
之超腕不惜延執三唐超蹤宋元之溢居手追步之下子敬之上矣
明興以來書蹟雜糅業濤有真仲珩伯庸偉祖之蹤伯琦應
禎盡華原憶稍知唐宋希哲存禮資學相半初範書唐晚歸
憚倪瓚而恩延驂諸凡古所謂居多而變東逸兼際而
學許者如與令後學知宋書唐其功實少補邪文氏父子徵仲學比
子昂資甚不逮筆氣生書蹤全得徵微小楷一長青鬱而已壽承
休承資皆勝父入門既正定好真書安而論之得盛不逮雲祝之
能邪氣不染二蒙之膩仲溫草章古雅微存繇得其樸動邪
存高陽道復倚有米芾之遺風長則主鋼書之趣時之史手矛
能一重被之資集徵仲之學書承之風逸休承之峭健不求手訣

孫之冊邪。若下筆之際，若深寒暖而從璜之乎，繼加以名彰之

筆臻佳境也。

規矩

此人惟作修言高論而經作析微家異德術亦不能免

天圓地方，群類象形，聖人作則，制為規矩。故曰規矩方圓之實，範圍不過，曲成不遺者也。姬孔之旨，先務修齊正平；皇極之疇，首戒偏側反陂。且帝王之典謨訓誥，聖賢之性道文章，皆託書傳，垂教萬載，所以明彝倫而淑人心也。豈有放辟邪侈而可以昭蕩平正直之道者乎？古今論書，獨推兩晉，然晉人風氣，疏宕不羈，右軍多優，體裁獨妙。書不入晉，固非上流；法不宗王，詎稱逸品？六代以還，初唐蕭羊以逮智

習美術作字

永不知趣，何一體成家。李白懷素，陳及大年，變亂古

（解於唐然人奇以異取長自見而潦張之徒付述後丁子朝未有胀相傳亦不過以唐人為師於其本）

雅之度，競為詭厲之形。暨夫元章，以豪邁卓犖之

（而歎傾側媚狂怪怒張之習極矣曰親從山谷書李北海以唐人為師者率爾恭求識其本動）

材，好作鼓弩驚奔之筆，且曰大年之書，愛其偏

（不雅意）

側之勢，出於二王之外。是謂子貢賢於仲尼，丘陵

高於日月也。豈有舍仲尼而可以言正道，異逸

少而可以為法書者哉。李北海之寫書者，無智永

子昂似僧手諸真衛，可權如何容。夫顏柳過於

嚴厚，永趙少姿動，雖非書學之大成，固自書

家之正派也。且宮壞之間，莫不有規矩，人心之良，皆好

乎中和。宮室材木之相稱也，羹臭滋味之相調也，

笙簫音律之相協也，人皆悅之。使其大小之不稱，酸

辭集成謬作亂

朱子云今年朝如葵忠忠一前性
有典則如老米芝諸人字本便不
皆緣地要之迂便是世態衰下其
為人亦然 又云矣香其自謂人所
長因自今觀之亦是有好處但自
家役是寫得如許好何不就從方
正渾要好從欹斜到甚又他也
非不知端楷爲是但自如此好亦非
不知假人誠實端慎爲是但自
要覺他放縱
況在中學後華誌至世之論

章之不調，宮商之不協，譜讀所之亂，試以人之形體論之，美丈夫貴有端厚之威儀，高逸之辭氣，美女子尚有貞靜之德性，秀麗之容顏，然有頭目手足，粗細癡瘠而醜，而穢美好者，形象器用各庸書矣，至於烏之實情之實味之深，莫不圖難而精密也，而已豈比之大道而會其之不齊乎，此乃物情，粗有知識也，若夫花卉之清艷，菓蔬之疏甚，莫不圖難而備對焉，使其半而饑者而寧也，皆瘠者亦之病，然其本相之質龍，獨怪偏倒者，自之謂筆，自之章，一時之論，致使淺直之業，爭賞奇，求之奇，不探中和之源，徒貌誕怪之病，殆哉，書脈危機一線矣，後之章之章

[illegible]

神圓 篆或謂作圓神

尹翁曰：楷法如中鋒，[illegible]

[illegible]

[illegible]

易之失，忘誇其神奇，所謂會其長而效其短，舍其

善而有其病也。至東坡之勁擊，復何同哉。

附評

圓而視一字之方，而維一字比方圓互用，猶陰陽互藏，所以用筆

貴圓，字形貴方。故曰規矩，又曰之至。是圓乃神圓，不可滯也；方乃

通方，不可執也。此由自情，當能使知哉。晉魏以前，篆書稍長，隸

則少匾。鍾、王真行，會合中和。迨及信本，以方增長，降及旭素，

鍾方而不知其筆圓

改方更圓，或斜復直，有如日本兩字，併之若一字，另求一字縱之

宜知書譜云歐陽詢書世皆知其

若二字者。然旭素飛草，用之尺牘，但世見草書，不知予嘗見

其郎官等帖，則又端莊整暇，儼然有氣也。後世庸陋無稽

之徒，妄作大小不齊之勢，或以一字而包絡數字，或一二叢而攢積

數形，強合鉤連，糾排紐點，畫混沌，突縮突伸，如楊祕閣

見道聽途說之蘇米亦不曾學見其法其退愴田泥古而甚而古今而之大未嘗有鼎已如汗草報張之風上棟不守
亦甚榮辱宗為之作僅於三代
之世不如三皇三民
時不如夫之迹書不如知之
根隨之根後未能真知者
耶
伏集成讀作妙

圖張汝弼馬一龍之流且自矜其為梅花體亦如皆自与人煙手
妍美純字老幼息恢醜態實將俚詞濫竹村市也支梅花有
譬聞半聞有未聞於京華普不芉有聞數句皆實讀有大小清辭
者象其花之向上仰下朝東向西猶書有仰伏俯聲者顧右
於也如其一枝道之一枝道小多而亦辭少而四辭文為謂之
梅花耶形之為列也不雜不亂辭文之多也不少不多曲梅欲
之可以知書矣彼有不穿而後寫者寧州海上之逐吳邦

繫辭之動靜有常文之為 ○常變
宗則變之則迹之則文
易稱之自有而無謂之變自無而
有謂之化
請言總之蒼天易莫有常
前子言天行有常不為堯存不為桀
亡經之以說則古應之以執則吻
夫中子之非君子不可以評變

宣尼疑圓規矩諸說未可固乘古人有缺波折內之形
立沙印泥之喻鳥乃越於規矩之外趣文字猶用兵同
在制勝無常陣字無定形臨陣決機將書審
妙參機謀妙算勝在萬全然陣勢雖變將形亟不可
妙集成作崩亦可想見也

□七宅開卷多變，體格不可踰也。譬如青天白雲，和風清
穆，朗星皓月，寒雪暑雷，此造化之生機，其常也；迅
霆激電，霪雨颶風，急雪奔雷，揚沙霾霧，此陰陽
之殺機，其變也。凡此之類，莫不總朝四時法然臨冥，
在畫矣。所以脫巾跣足，大笑狂歌，園林丘壑，知己相
逢，縱酒撥花，或可及爾。如君親侍從之前，大賓將祭之日，
豈容狂放恣肆其手足之故。宮殿廟堂，典章紀載，
其為箋啟表牘，亭館移文，題勒行乃居笑，借便奏
狀碑署，濃草顛狂，懷情何甚，亂佳知其行書
體之常，草法乃一時之變，趣書帖之，豈妄謂亂所謂
草體有妙法焉：撥鐙提捺，真行相通，留放鈎環。

以書於之擇運毫來
書法字體之應用欲四時
其宜要在何處而宮殿
廟堂典章紀載之牘
亭館移文題勒之常
也不可亂也不可錯論也
然其字有寫法斯明後
遂何是事亦當題亦題
論孔明亦如此類以翼之許之
為書矣

謂 某咸錄之

二七

形態迥異，諸鉤圓暢，屈折便隨，點綴精彩，挑趯措動，波迸狀決，飛度飄颺，流注盤紆，驟引窮繞，頓之以沈鬱，奮之以奔馳，奕之以翩躚，激之以峭拔，或如篆籀，或如古隸，或如急就，或如飛白，又見家數，騰首而遺跡，群鳥翠翮而欲翔，猿猴騰挂乎叢林，蛟龍蟠蜿於山澤，隨情而繹其態，審勢而揚其威，每成其形，兩字各異其體，草書之妙，畢於斯矣。至於行草，則復兼之，動挂於藏鋒，急措置，於真草之間，會通於意態之際，秀雲不臻其妙哉。

尹氏曰損益之損字植兩道懷一紹云為字白盡為道日損之又損以至于無為益為損措於前人又云損之又損天下歸仁焉之義矣書者忌宋纂善行草者益宋損不行謂之特也

唐釋亞棲云凡書通即變王變白雲體歐變右軍體柳變歐陽體永禪師褚遂良顏真卿李邕虞世南等並得書中法後皆自變其體以傳於世俱得垂名若執法不變縱能入石三分亦被號為書奴終非自立之地

○正奇

書法要旨，有正與奇。所謂正者，偃仰頓挫，揭按照應

13

威儀確有節制是也。所謂奇者，參差起復，騰凌

射空，風情姿態，巧妙多端是也。奇即運於正之內，正

即列於奇之中。正而無奇，雖莊嚴沉實，恒樸厚而少文；

奇而弗正，雖雄爽飛妍，多譎厲而乏雅。奈夫賞鑑之

家，每指毫端勇奮之巧，不惜規矩法度之論；臨池

之士，每炫技於形勢猶誕之激，不求工於性情骨氣

之妙。是猶輕道德而重功利，退忠直而進奸雄也。好

奇之說，伊誰始哉？伯英急就，元常楷牘，去古未遠，

猶有分隸餘風。逸少一生，揖讓禮樂，森嚴有法，神

采煥發，奇正混成也。子敬始和父韻，後宗伯英，風神

散逸，爽朗多姿。梁武稱其絕妙超群，譽之浮實。

張懷瓘云：揖讓禮樂……不及羲，風神散逸羲不……

靜穆而不穆，留而不留，此其所以妙乎

動也。將志未露，危而不危，此其所以保

其靜也。法而不圓，離而不流，猶而

愈巧。剛而能柔，剛主而劑其柔焉。意

之所寄，溢焉以正其心，以陶其情，

以調其性，此其所以游於藝也。

勞美術作野

是猶美術作不精

禮集成謹作體

唐文皇以拘攣餓隸之太深。孫過庭曰：子敬以下鼓
（語見晉書王獻之傳）
努為力，標置成體，工用不侔，神情懸隔。斯論同之。
書。契。不。新。而。奇。之。門。門。矣。闕後智永專范右軍，精熟
無奇，此學其正而不變者也。羊欣思齊大令，舉止依樣
此學其奇而不變者也。虞世南傳之智永，內含剛柔
亦迷沈粹，及其行草，遒媚不凡，然其一時力稍覺寬
散矣。褚遂良初師逸少，擺脫舊習，筆力更勁，下手挺
特，終失寬遒，律以大成，殊越數家，此所以為真之神變也。
歐陽信本六體，有筆意方出，長險動瘦，硬崛勁削
成若觀行（草）後大獨峭矣，諸氏楚善，如依世南，晚
追逸少，遒動溫娛，豐美宮艷，筆全天然，遒稍剛

習家術作學
精熟集成誤作積熟
羊欣承告未往受人未云子敬
皆習不及大而昭然遂之
張旭猶書識云子敬不窮識
遂以學之外更開一門
米芾書史云不知真矣返遂
世有筆耳此也
尹點四語絕評古多作之
而實不能作評語書長稍
納古李見附客大名物自古
至令子剛之云之作又多列
三之筆或因用力太過或因

雕龍刻之雲霄瀨色有論至
工之爾鄧玄注禮記主遠
注悉雕諸白雕名典也稽
書然至上雕佶體上雕狀
書辭早年圖鏡王虚歐
顏柳蘇米亦不復見矣
專問書體史中最特異之
書如道動隨時書多宕
雖多從子陳見耳

守真成謹作本

刻此真行之妙者也。故諸永淳以前，規模大都清雅，隆
開元以後，氣習漸轉，精威嚴。顏清臣蠶頭燕尾，閎（米芾海岳名言云顏魯公每使刻字）
偉雄渾，然沉重不清暢矣。柳誠懸骨鯁氣剛，（以今之人意修改波挑，失其真面）
耿介特立，然嚴厲不溫和矣。此真書之變也。張
從申源子敬，筆氣絕似北海，柳楊凝式則甚
雕琢也。釋懷素流注伯英，拔意大似狂怪，圓
特索掣則甚詭異矣。此草行之變也。書變至宋尔
堂傳文兵之亂，大抵不變者情拘於守正，好變者
意刻於探奇。正奇既分為二，古淳自漓，又滿矣。然
質樸端重以為正，剛急駿動以為奇，惟正奇之妙用也。
世之欲常以書新者，每舍正而慕奇，豈知奇不必求

久之自至者哉。假使雅好之士，留神翰墨，窮搜博究，月習歲勤，分布條理，諳練於胸襟；運用抑揚，精熟於心手。自然意先筆後，妙逸忘情，墨灑神凝，從容中道，此乃天然之巧，自明之鑑，精奏而于毛端，天姿國色，不施粉黛，群光動人矣。何必求奇於意外之筆後，要超世之聲哉。

（一作容字無之則神氣充足而有餘）

○中和

書有性情，即筋力之屬也；言乎形質，即標格之類也。真以方正為體，圓奇為用；草以圓奇為體，方正為用。真則端楷為本，作者不易速工；草則簡縱居多，見者亦難便曉。求真不草，行書生焉。似真而兼乎於草

一三三

者行真也似草而兼乎真者行草也圓而且方方而復
圓正能含奇奇不失正會於中和斯為美善中也者無過
不及是也和也者無乖無戾是也然中固不可以廢和和
亦不可以離中如禮節樂和本然之體也禮過於節則
嚴矣樂純乎和則淫矣所以禮尚從容而不迫樂
戒奪倫而皦如中和一致位育可期況夫翰墨者哉
方圓互成正奇相濟偏有所著即非中和使楷少
行真而偏不拘鈍即稜峭矣以草之草而偏不寒
俗即放誕矣不知正奇參用斯可與權權之謂者稱
物平施即中和也若之諸賢雖自成家然有一手而
獨擅一二長者有多能而兼楷一二體者惟學之士

貴擇善而從。陸柬之得法於世南，晚擅出藍之譽。
予嘗見其所書蘭亭詩，無一筆不出右軍，第少飄逸
和暢之妙耳。張伯高世目為顛，然其見擔夫爭道、聞鼓
吹、觀舞劍而知筆意，固非常人也。其真書絕有繩
墨。草書奇幻百出，不踰規矩，乃伯英之亞，懷素望猶
及哉。米芾乃謂其變亂古法，驚諸凡夫。何其苛責
於人，而昏於自反耶。顏清臣雖以真楷知名，實遒厚
重美。其行真如鹿脯帖，行草如爭坐帖，文舒
和遒勁，豐瓌超動，上擬逸少，下追伯施，固其致李
筆也。獨其自敘一帖，廣儀魯論異，且過獨潛，非平
日意態。米芾乃獨儆之，亦好奇之病耳。老書雖有二爰，
實請之真、行、草，唯李之行真，魯公之行草，李更之

梁武帝答陶弘景書云：夫運
筆邪則無芒角，執筆寬則

[illegible]

…之所謂出類拔萃，固非隨波逐浪者也

懷素壁母藏真亦多合作大字千文則穠肆矣小字千

文太平淡矣世傳自敘帖狂逸放誕不足法也其一爲

師寫少王之陰符經

老少 [illegible]

書有老少區別深淺勢雖異形理則同體所謂老者

結構精密體裁高古巖峨崢嶸旌旗列陣是也

所謂少者氣體充和標格雅秀百般滋味千種風

流是也老而不少雖古拙峻偉而乏秀潤之容少

而不老雖婉暢纖妍而乏沉重典實之意二者混爲一

致相待而成者也譬一人品喻之謙敬謹練寬容深必

稱黃髮之老詞氣清亮舉動利便恆數俊髦之英

辨集成語作辯

老少之論筋力少則骨之姿顏筋力為強健姿顏貴
美悅會之則益著折之則兩離而適焉書其式矣
玄覽之士將老於典則之間探少於神情之內並其視
横宕逸意思窈窕抑揚旋折情懷瀟灑容貌老者
少雖年者恍如天仙玉女不能辨其春秋幽柔之上也
初視雖少細觀實老豐采秀潤結束巍峩引拂
輕飈氣度渾穆此所謂少年老成柔之次也解羽
泰嶽峙山撼映提撥飛健縈紆委婉宗體異勢
各字成形乃如一筆之中老少群聚則又次焉筋力雄壯
骨氣峻潔鉤拔彎張態蹲局踞只見其老不見其少
有子師備壽奇正色維犯又其次焉燦爛似錦艷

署如花初視彩煥詳觀散情自如平時詩筏自稱弘

濟一還張大弟義達厲柳又甚次矣吾未住筆成形

象墨為勢澄作倫款之相安其陰放之姿疏縱在

近世書法之病在茲

歸體清鮮書風斯下矣何復遠耶

歟 集成說作觀

神化

說文云書著也○張懷瓘書斷云書者如也舒也著也記也

書之為言散也舒也意也如也欲書必舒散懷抱任於

蔡邕筆論云書者散也欲書先散懷抱任情恣性然後書之

如意所顧斯可稱神書不妄作應見謂神也所謂神

化者生復百外於規矩於規矩又乃名神化因而

滯不執有圖通之妙焉況大道之玄功宣洩於文字

神化也者即天機自發氣韻生動之謂也日月星辰之

經緯寒暑晝夜之代遷風雲雷雨之聚散山岳河

風雲雷雨 美術作風雷雲雨 舊從城南是風雲雷雨

山川壇本有方位 只以相參也

海之流峙非天地之變化乎高士之振衣長嘯揮麈談
玄佳人之臨鏡拂花舞袖流盼如艷舞之迎風淡霧似
好鳥之調舌搜鋼千態萬狀愈出愈奇更若烟霏林影
有相離蕭灑騑鋼翼奔蹄而無此萬物之變化也人
之於書形質情度端厚和柔至錯綜玲瓏飛逸誠
踪如是可以語神矣世之論神化者徒指體勢之異常
王僧虔筆意贊書之妙道神采為上形質次之
毫端之奮迅而贊賞之所識同淺陋者歟豹
未見其中深探其旨不過目前而動遲所欲之容室尼
逸少道統書源匪不相通也卿室之陶之在朝之保之
執書之蹤之私覿之情之於魯而章甫適宋而逢掖至
大道方翔贊意懷者無樂復論者

霏吳例作霧以作霏為是

曰集成誤作日考字形思者便是曰字細數成

匪不相通也集成作匪由志耶也吳例校便

保保吳例作雅之蹤蹤集成作蹤之

18

神秘於與逐神怡和以聲文情於氣寒山皆於時而
動根乎陰陽舒慘之機。瀅心所欲，瀅然幽雅長樂
之意。非夫心手交暢，焉能美善兼通，若是則翔時而
動，聊知其情。瀅心所欲，緯情以理，蓋欲正而不欲邪，
欲熟而不欲生，人之恒心也。觀祖素於精諳，心手爲在
於縱將重帥而氣不充，意先而筆不到矣。此皆不能瀅
心之所欲也。至於欲既瀅心，當復祖有少踰者耶？嘗
反此之瀅心，復之不踰者，思越於中道之外，爾譬如操
壺引射，豈不欲中哉？手不瀅心，皆而不中矣。然不動則
不變，於象即能化，焉非至誠焉有能動者乎？瀅心實
志博習學術，守之全形，究其存日，筆之妙用，然焉忘思

未完成作不

瀅心美術下衍數字

自然腕能从臂指能从心潇洒神飞彷彿翩逸如庖丁
之解牛掌上之弄丸执笔者自难揣摩披卷者掌能测
量哉中庸之为物不贰生物不测孟子曰深造自得左
右逢源生之逢也皆由不贰深造得之是知书之欲
变化也至诚其志不息其功将形著明动一以贯万变
而化焉体且神矣噫由此心精不可言传学者苟悟也书 法书攷云
书者心之迹也故有诸中而形诸外得于心而应于手然挥运之妙由用神情而殊执之要尤为先务
者心也字虽有象妙出无为心虽无形用从有主相乎
体理也有所不因象而求意终及通会行所无为浑意
而忘象故由象识心狗象丧心象不可着心不可离未
狗 通徇某氏谓作拘张子石案云 由象识心徇象丧心知象者心存象 之心亡象而已谓之 心手兼
书之前定志以帅其气将书之际养气以充其志勿
忘勿助由勉入安斯于书也无间然矣天雨粟鬼哭哉

含自然之妙書法引天台紫真
云書無逸手道同淡以之理似之
寶之貴以垂萬古之名
尹默曰以書思知其小史書法
衛夫人之世也惟門寶用
之哉書法乃為術而枝矣

[illegible]法書仙手，致中極和，可以發

天地之玄微，宣道義之蘊奧，繼往聖之絕學，開後覺之

良心；功將禮樂同休，名與日月並曜。豈惟明牕淨几，神

歐陽文忠公試筆：明牕淨几，筆硯紙墨皆極精良，亦自是人生一樂

怡務閑，筆硯精良，人生清福而已哉。

心相

蓋聞德性根心，睟盎生色，得心應手，書亦云然。人品既殊，

孟子：君子所性，仁義禮智根於心，其生色也睟然，見於面，盎於背，施於四體，四體不言而喻

性情各異，筆勢所運，邪正自形。書之心，主張布算，想像

化裁，意在筆端，未形之相也。書之相，旋折進退，威儀神

彩，筆隨意發，既形之心也。試以人品喻之，宰輔則貴有愛

君容賢之心，正直忠厚之相；將帥則貴有盡忠立節之

心，智勇萬全之相；諫議則貴有正道格君之心，謇諤

黄清道鉴：上问可补卿书得体
也，总之善对曰：用笔在心，心正则
笔正，王然鉴。此宋知其心笔谏
东坡书：颜氏六字，书后柳少师
书本出于颜，而能自出新意
一字百金，非虚语也。其言心正则
笔正者，非独讽谏，理固然也。世
之小人，书字虽工，然其神情终有
睢盱侧媚之态，不知人情随想
而见，如韩非子之窃斧，窃斧者乎？柳
其亦世俗徒人见其书而猥憎
之，则其人可知
矣

毋

集成作笔不谋

见集成误作鉴

不得之相，隐士则贵有乐善无闷之相，道士仙家之相也。此例於儒行也，才子也，佳人也，僧道也，莫不有本来之心合宜之相者，所谓有诸中必形诸外，观其相可识其心。柳公权曰（续书谱云：笔）：心正则笔正。（书心也，墨者手也，书者意也。）余今曰：人正则书正。心为人之帅，心正则人正矣。笔为书之充，笔正则书正矣。人如心正，书如笔正，即诗之思无邪，礼之毋不敬，书法大旨一语括之矣。尝见古贤所指前人，世不俱闻，峤焉弗举。如桓温之豪悍，王敦之扬厉，安石之躁率，跋扈则愎之情自露於毫楮间也。他如李邕之挺谏，苏轼之肥敦，米芾之努肆，亦非纯粹贞良之士，不过啸傲风骚之流。尔至於褚遂良之遒劲，颜真卿之端厚，柳公权之庄严，虽於书法少容夷……

[illegible]……直亮之人也。若夫趙孟頫之書，溫潤閑雅，似接右軍正脈之傳，婀娜纖柔，殊乏大節不奪之氣，所以天水之裔，甘心仇胡之祿也。故欲正其書者，先正其筆；欲正其筆者，先正其心。若所謂誠意者，即所謂一其心（趙孟頫南宋十三世孫……右軍人品甚高故書入神品），端已澄神，勿虛勿貳也；致知者，即一其心，審其得失，明乎取舍也；格物者，即一其心，時習精察，不自專用也。正心之外，豈更有說哉？由此篤行，至於深造，自然秉筆思生，臨池志逸，新中更新，妙之益妙，非惟不奇而自奇，抑亦正而物正矣。夫經卦皆心畫也，書法乃傳心也，如罪斯言為迂，予固甘焉勿避矣。

胡字衍作敝某成作胡虜平應 以胡爲是

尹默曰：書家俊正是筆亦須正，其心正論固不誤也，然子昂之書非無有斷，肝其字難同，聲嘆乎尹默即別有見焉。子昂之書論正大只見溫潤，雅者未可言書也。子昂之書齊之韓之只見其婀娜纖柔，未之未可知也。書也書固當法正，子昂妙耳謂書也深奧，凡書賤肥，肥便神仙在前，又安能識而救之乎。

尹默曰：不遷則設體……

後濟……

後書書道之衰……

取舍

蘇米之蹟，世爭臨摹，予獨哂爲效顰者，豈妄言哉？謂

道骨稍近於以其意而生其變
化蒼稍以其清而生其寒於顏
真卿以其一偏而失之厭魯卿公
權以其骨而失於生獷徐浩以
其肉而失之俗李邕以其氣而失
於體格張旭以其清而失之狂
獻之偕以其[illegible]而失之驚急
至蔡蘇黃米

尹氏曰東坡之字力充[illegible]之勁趣
上下千百年間能與相頡頏者不過數
人而已[illegible][illegible]之[illegible]字而乃深乎不
從心[illegible]且[illegible]矣所謂[illegible]者[illegible]
是乎[illegible][illegible]

耶美術作也

睢擬以下二十字探某成補

東坡米子兩論書詩[illegible][illegible][illegible]
不善書曉書莫如我[illegible][illegible]
通其意常謂不學可蘇邑
書史[illegible]字後之青史君子

矧蘇之點畫雄勁，米之氣勢超動，至其長也。蘇之濃
聳棱側，米之猛放驕淫，至其短也。皆緣天資雖勝，
學力乃疏，手不從心，藉此掩醜，譬之優伶在場，歌
喉不接，假彼鑼鼓，亂茲音聲耳。支攣一也 西子一顰
而加妍，東施效之而增醜耳。西子明眸皓齒，[illegible]髮[illegible]人，
閑情幽態，痛心攢眉，愈之楚楚可憐，是知顰乃其
病，非其常也。使其嬪嬙宮中，姑蘇臺上，嫩之閑之，顰鎖蛾
眉，反蓋豈復見寵耶？東施未免效顰，安自學其醜眉。
又見題榜，殊可增悲，況擬之古，取長舍短，嘗州[illegible]學者
我朝自國初以後 尹[illegible]曰[illegible]字宋[illegible]不以此[illegible][illegible][illegible] 迄今之前，專而篆隸罕見，真行兩樣
端雅[illegible][illegible]文[illegible][illegible][illegible][illegible]勤[illegible][illegible][illegible][illegible][illegible][illegible][illegible]

四四

王右論書甫學者不可犯之
色。永以經書以不及其書圖
知東坡之字多不字皆非常
人所能及，徒能寫而未可稱
為偏狹安著題評者耶
之論也矣

[illegible]之道，古今書法集成模楷大宗。自羲而下，優劣互（羊欣云古今莫二）
差。略舉數名今世遺蹟傳存者，攷其美善，指其瑕疵，
庶取舍既明，趨向可定矣。智永、世南得其寬和之
美，而少俊邁之奇；歐陽詢得其秀勁之骨，而乏溫潤
之容；褚遂良得其~~[illegible]~~（鬱若之筋）操，而鮮安閑之度；李邕得其
豪挺之氣，而失之竦窘；顏真卿得其~~[illegible]~~（莊毅之操）物，而失之
魯獷；旭、素得其超逸之興，而失之驚怪；陸、徐得其恭
僉之體，而失之頹拘；過庭得其逍遙之趣，而失之俭散；蔡
襄得其密厚之貌，庭堅得其提衄之法，孟頫得其溫雅之
態。然蔡過乎撿重，趙專乎妍媚，魯直雖知執筆，而伸
腳掛手，體格掃地矣。蘇軾獨宗顏、李，米芾復兼褚、張。

僉 集成作儉 蓋僉通儉皆不誤
題 孟頫 美術叢書 頫字
撿 集成誤作撿

梁武帝古今書人優劣評云
羊欣書如大家婢爲夫人雖處
其位而舉止羞澀終不似真

袁昂古今書評云羊欣書如大家婢作夫人雖處其位而舉止羞澀終不似真

蘇似肥艷美婢擢作夫人舉止邪陋而大足當令掩口

宋高宗翰墨志云世傳米芾有潔疾聲色相同矣

米若風流公子染患癰疣駝馬試鈿而叫笑齊舉人

數君之外無暇詳論也擇長而師之所短而改之在修

池之士玄鑒之精耳

附評

陸友仁研北雜志云蔡君謨書徽宗罕諸帖形模骨肉纖悉俱

備莫敢踰越至米元章始變其法超軼絕塵有生氣而筆法

亡絕矣予謂君謨之書宋代巨擘蘇黃與米實逗出字學入書流

非君謨可同語也朱晦翁謂宋被蘇黃寫壞並筆法忘絕之言

亦謂宋朱子語類卷一百四十

兩語皆刻畫教予亦有筆法不及窩壞體料子有踰越叢其字力

未能入室之機也教君之中惟元章更易趣眼且南下筆每一經目便

視於米芾書天馬賦語之爲襄陽之字書大挺生入狂眼

思倣摸初學之士切不可看恐向不正取舍不明徒擬其所病不得

其所能也米書之原出自顏諸公安學米者卯入史而史道矣

儷集成作者之字相通

由玖寺八字集成者作由歐

[illegible]跋也，學米者要寬之，
闕折斷來者，實難見之矣。

此篇舍諸右軍書論末。

雲雨 集或作雲石，似應作雲雨。

[illegible]與之[illegible]業[illegible]精[illegible]至[illegible]自可窺大家之門，之章亦拜下風矣。如前賢真跡，未易得見，擇其善帖精專臨倣，十年之後，方可言章筆意，庶知其縱（而取）其長矣。筆意少暇數序記，非有二十年精通之功，不能知其妙，亦不能下一筆。宜乎學者寡也，此可與知者道之。

功序 諸書段落互異，此段在前後作借體

臨池貴鑒，代不乏人，詳論體勢，悲其遺譚，擬形于雲雨，譬象于龍蛇，外狀其浮華，內迷其實理，安有知者。

蓋之筆，嘉說功多，而之後，豈知王道本無直功，成書亦非歲月哉。初學之士，先立大體，橫直安置，對待布白，

右軍云：夫欲書先乾研墨，凝神靜思，預想字形大小、偃仰、平直、振動，令筋脈相連，意在筆前。

務求其均齊方正矣。然後作字 然後定其肥瘦，向背往還，開合連絡，務求雄健貫通也。次又尊其威儀，疾徐進退

張懷瓘玉堂論一兩者主於一神情洞也

徐浩論書云：張伯英臨池學書，池水盡墨；永師登樓不下，四十餘年。張公精熟，號為草聖；永師拘滯，終著能名。以此而言，非一朝一夕所能盡美。俗云：書無百日工，蓋悠悠之談也。宜白首攻之，豈可百日乎。

王羲之曰：字能而勢發，若元未諳如畫恐成算字矣而勢餘

直書　集成作且書

倚仰伸縮，務求端莊溫雅也。然後窮其神情，識盡草
覺迴帶翻藏，機抽圓神，風度濃纖，間出而變化
莫斷而意連，平順而凜鋒，藏健勁而融會，角引伸而脩
類書之法可畢矣。然計其始終，非四十載不能成也。以

虞龢論書表云：二王暮年皆勝於少。又云：羲之書在始未有奇殊，不勝庾翼、郗愔，迨其末年，乃造其極。○陶弘景

逸少之書，五十有二而稱妙，當是之年，六十之後而從心，古今

論書啟云：逸少自吳興以前諸書，猶未為稱；凡厥好跡，皆是向在會稽時永和十許年中者。○書

以來，莫非晚進。獨子敬天資縱橫，宗有方，入門不出

書云：王羲之書暮年方妙

專求風氣，直當為年式不成，使著高譽子敬之外
豈復多見耶。第世之學者，不得其門，惟日追乎，定以羣
方自定追媚，由宋而宋，次則隋唐宗體，融天機於自
得，會群妙于一心，斯於書也，集大成矣。第書賢者造苑
優焉，仿佛傲之，貴似審之，尚精微之，不似求績，屋之識審
之神精，從下須之，有會其一多…

以□於自然猶如絲中和心與筆俱專用絕勞不欲停
之指弦在琴妙音隨指而發指在手追矢應鵠而
飛意在筆前觸情體饒後覽無疑書之妙更矣若
分布少明即思縱得運用不熟使欲擇手是未學者而
先學運筆書自容易亂
歐陽詢八字訣之意在筆前與夜思後字論
書無意之所為皆失為意

附評

學書須要窮其段撥拘句之法未免攢簇如一讀之使彼易曉
大率書有三戒初學分布戒不均與欹繼知規矩戒不活與滯終能
純熟戒狂怪與俗若不均且欹如耳目口鼻窄闊長促邪立
偏坐不端正矣不活與滯如土塑木雕不說不笑板定固窒無生氣
矣狂怪與俗如醉酒巫風丐兒村漢胡行亂語顛朴醜陋矣又書
有三要第一要清警清則點畫不混雜警則形體不偏斜第二
要溫潤溫則性情不驕怒潤則折挫不枯澀第三要閑雅閑

窄潤 集成誤作闊潤

朴 集成誤作仆

則遲回不能轉揚飛則飄從不能肆一斷放逸快意寫行未必能返入

上乘當可為卓焉名家矣前所列規矩正書章法神化諸篇陰陽向

背緩急抑揚等筆法盡在彼其為此篇所當兼用以相通者也

○器用

筆陣圖曰紙者陣也筆者刀矟也墨者鍪甲也硯者城池

也孫過庭云疑是右軍所製尚可啟發童蒙常俗所傳

不藉編錄又云筆勢論十二章文鄙理疏意乖言拙詳其

旨趣殊非右軍予觀其論固雜出宋(?)積(?)其辭乎不合者

殊乎外之斯語筆矣筆陣圖以墨擬之鍪甲以硯擬之城池喻

失其理也亦非右軍也予試論之以侯君子克身者之帥也心

者將帥也手者副將也指者士卒也紙者地形也筆者戈

戟也墨者糧草也硯者書囊也依不見回(?)[illegible]

子昂筆道會通云書貴紙筆調和若紙(?)筆不稱雖能書亦不能善也譬之快馬行泥滓中其能善乎予嘗曰德(?)絕痛(?)撫(?)蘇米尤恨子昂之作而不肯就其論書每刻鏤務精明以求文之工有此種惡習

紙者 以下二十字美術叢書本缺補前取金(?)篇美術無脫 二十字蓋其原本

……行於前轅法之驚馳驟當先取勢也筆不言精神之
書家須有綿密之筆尤佰
喜將練兵精卒不數時有鐵色時以作氣破不刻畫之
英之書法來源之於宗源
師旅方興命在饋糧饋餉之絕時一壯威四者不可廢一紙
須不特作字者蓋有之書家
筆先乃居先語謂之精書不擇筆欲其合理也矣工欲
崴須案尾鴨毛脂髮諸
善其事必先利其器不在金玉之功刀鋸鐫劃之屬焉不
葛毅草張安心是不知
精利鋒有雕鏤切磋之技龍蛇之狀將安施其巧
其說長短用於作書
哉作書書以縱以橫開則可開若捲若持遠插綠竅
不論執得精華不快不懼
貴以示為健之形風神之態至於無塵刻木未法沙類
皆輸美術謂作了論能佳筆揮灑不
觀其技任渴手蘊借合逸少宗如有靈寫不擇字於宋
擇筆之者用顯筆寫細
精用穎毫實深樂之謂也
筆不合而能作字必甚雕刻
絕擇自然之態書法之
遠道矣不擇筆而能便之
遠於用者多之奇書也

○

知識 張懷瓘文字論云深識書者惟觀神采不見字形若精意玄鑒則物無遺照何有不通

下筆 以兵論書肇自晉代居宋侯書譜記焉何

嗟哉！識書者固絕其手，善鑒者甚罕其眼也。學者
不可視之而易，不可視之而難。易則忽而怠心生，難則畏
而止心起矣。鑒者不可求之淺，不可求之深。淺則涉略
泛觀而不究其妙，深則吹毛索疵而反遺其美。學
書之清者之往書，恭之令論，象了毋喙也。姑以筆書之
請諸後賢焉。大要開卷之初，猶高人君子之遠來，遙
而望之，標格威儀，清秀端偉，飄飄若神仙，魁梧如尊
貴矣。及其入門，近而察之，氣體充和，容止雍穆，厚德
若虛因（恩）威重如山嶽矣。迨其在席，器宇恢乎有容，
辭氣溫然，傾聽，擾之不怒，惕之不驚，誘之不移，陵之

不修尊氣德釋。蕩然眼空。今人鄙者自滿矣。又如佳人之
艷麗含情。若美玉之潤彩奪目。玩之而愈可愛。見之而不
忍離。此即真手真眼。之氣相投也。故論書如論相。觀書
如觀人。賞鑑能事大概在斯矣。人品既殊。識見亦異。有
耳鑒。有目鑒。有心鑒。若遇卷初展。邪正得失。何手何代。
明如親睹。不俟終閱。此謂識書之神。心鑒也。若據昔賢
有云帖。某是在某處。不恤貨財而遠購焉。此皆錢之信。
收藏日以詩擢。耳鑒也。若閱卷未玩意。清先查跋語誰賢。
紙墨不辨古今。只據印章孰賞。御扎識箋。定曰重贊。
此目鑒也。耳鑒者謂之莽兒寶柴。目鑒者謂之村姬斂
花。至於昏憒應聲之流。妄傲無稽之輩。胸中室無

觀書如觀人　美術下卷賞鑑雜說　以下九字蓋有可商之點可疑以德純之案語也有之矣

辨集成誤作辯

求集成作明，以作中為佳。紹下句曰泥馬未曉，則求中似作明

致集成作勝

吾鑒集成脫吾字

實先遠字，使稱能知，字藏之帖卷，具備波斗帶求，筆縱或
月，塗描點畫，花鳥未曉，設會通神，佳蹟每嗟精妙，今奇。
或經邪倚偏書，反嘆誤態，多改，此謂似曰吹雲，膜剛駿，
藐致束拘手淺陋，好惡任彼偏私，先有成心，將何定見。
不善村野愚詎，反首了論也。評鑒書蹟，要訣何在？溫而
厲，威而不猛，恭而安，宣尼德性，氣質渾然，中和氣象也。
執此以觀人，味此以自學，善書善鑒，具得之矣。

按字用墨筆書自上而又僅美術叢編之叢書集成兩種集成
本注字宿多然文字亦有優異處
足之若厥隨字安置五色陸離故幀不棄尹默曰素箋朱涵横易
辨識耳其謂其味深讀也之

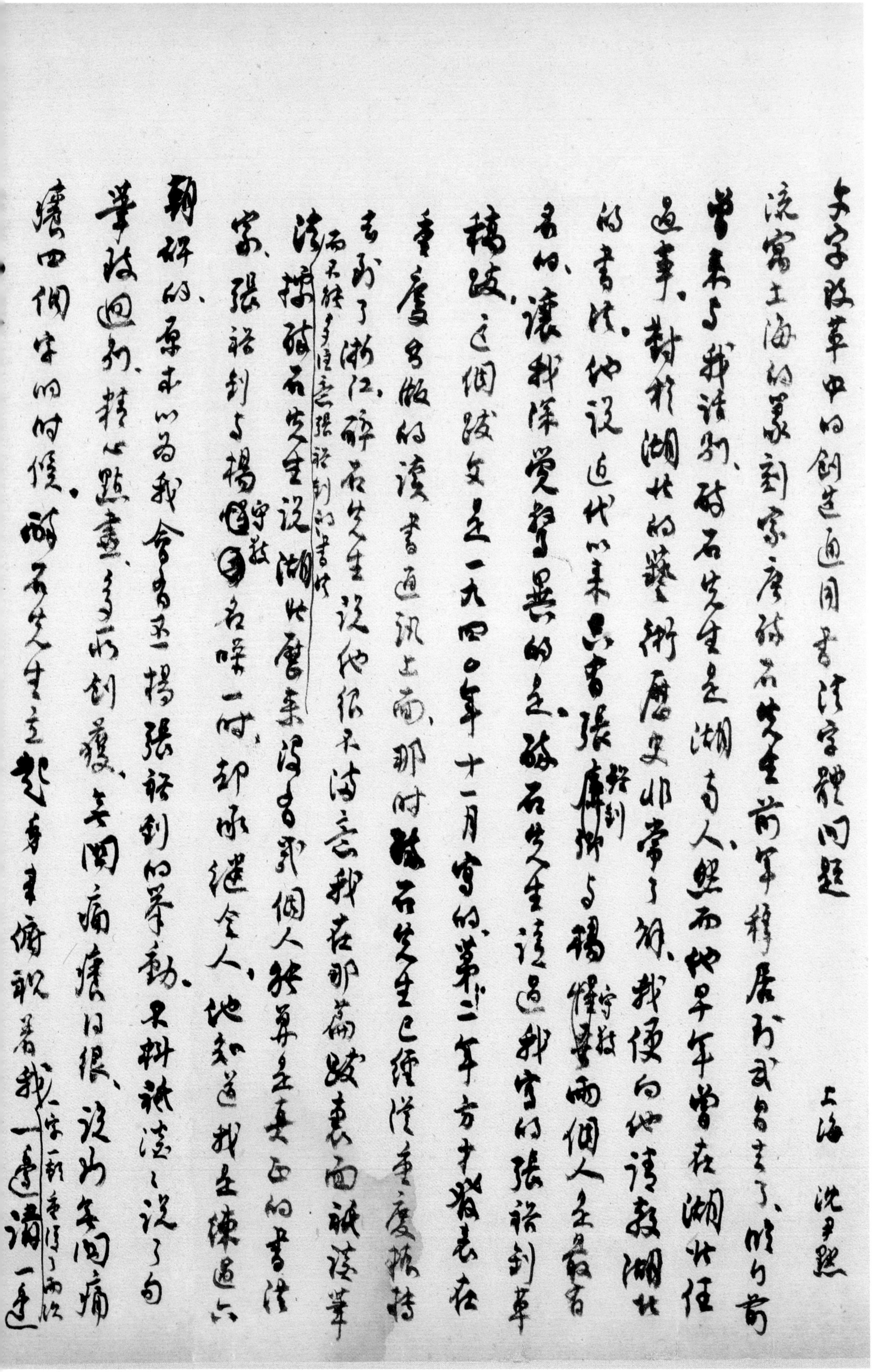

《文字改革中的創造通用書法字體問題》手稿

大力地揭手、

我是從舊的黑暗的半殖民地社會過來的人，身上有很多舊的前後的封建文人的壞毛病，在這些壞毛病表面，最要不得的就是藏私，以書法來說，大家都欣賞我發表過書論，並且通常是過（意識上看來可以說是論人家信）會對一些具體的問題追問，業業不休的閉選，因為大家都認為（實際對於學習書法的人來說沒有多大的幫助，效果是可以說空洞的東西）我是特寫字的，書法以來那麼必然也精通書法的要訣與理論，所以我就寫書論、發表書論、用來證明一般社會對我的推重是不錯的，至於這些書論的底是否正確，能給有志學習書法的人多大的真實收穫，我卻很少考慮，自己有了一點（封建文人有意把文藝神秘化，讓它變）書法上的心得，那是必需擋藏起來惟恐讓人學了去的實例那一點（那勞動人民以達到把持文藝為自己附庸服務的目的，我以前深受這種剝削階級思想的毒害）心得也決定今的做不是道辭不久寫的不得意，是我書法自辯的，但是，我對於張旭創作的書法，卻是認真研究過（我的書法能有一些成就，實事求是有張旭創作之功的），我能為章太炎先生的弟子，但我的三弟萬士，以及比我大的同學魯迅、錢玄同等人，都是章太炎先生的入室弟子，我卻太炎先生小（抗戰時我逃難到四川，來往得很密切的汪旭初先生也是章太炎先生的弟子）

沒叫我以早也，

[illegible]鲁迅、钱玄同等人，都是章太

炎先生的入室弟子，（那时我也往于四川，来往得很密切的汪旭初先生也是章太炎先生的弟子）章太炎先生非常看重张聪剑的书法，大家

都听过一个典故，说是早年间有一位陕西的朋友批评我的字只停在骨（因此我很早就知道张聪剑的书法并且有了很深的印象）

非是我就是志改正以往写字的种种错误，开始临习北碑，得到了很多的

好处，才有了后来的名声和地位，一般都说我知耻而后勇，我也很以为是

这样一个评价，大家所不知道的是，我从不回避这个典故，绝不害（这个典故自然不是杜撰的，我自己也多次口述过这个典故）

因为是知耻的缘故，佛教徒宣扬的顿悟、棒喝，今天的唯物主义修正了（我的改临北碑，绝不是陕西朋友一句话所能促成的）

然知道其欺骗性，纵便是释迦牟尼再世，他又有什么办法用一两句

话去让一个懵懂无知的痴子顿悟他的玄妙的佛法呢，然而封建文

人或手都喜欢把自己囫囵在这样的一种欺骗里，以为这样会显

得很高深，能够引来膜拜，（故弄神秘）这是所有剥削阶级都热衷的愚民政

策在文艺上的一种反应，那个时候的我虽然年轻，但已经很

擅长玩弄封建文人的这些把戏了，更何况它还能让我收获

别人崇拜的赞许，何乐而不为呢。

其实让我走上改正以往写字的种种错误的，是张聪剑先生，得（这个问题你最有说才）

[illegible]

背我向張裕釗学習的，是章太炎与鲁迅等先生，一九四八年的时［這個了過，你著有說方才］
候，［如此時］在一些朋友的鼓恿下，我写了一本晋王右軍題筆陣圖後，
影印出來作为中学以小写高年级学生的習字範本之用，大家都
知道，我們楷書是以北碑为根基的，但又与碑学家們的碑體書法［看起來］
不太一樣，書法史中碑学的興起雖然有很遠的根由，但說它是自
清代中葉明顯形成為一種潮流的，應該不會是太錯誤的認識。清
代中期以來的碑学家們的碑體書法，以有指为时髦，它的筆畫刻
然大多是凝滯斷碎的，看去甚与北碑相仿，而实现给我們的觀感
是一路的。我自小學習書法所㊞㊡，重自是一路，固然有別於這樣的緣
故，但法眼所見的碑體書法的扭曲剝损不能给我帶來以美術
的愉悦享受並進而願意去学習它，可能是碑学家們未能预料
到的。以方、光為特點的［書法］自是与館閣體，固然有種種的媚俗
僵板，但它確有较为美觀的一點優勢，常章較寬的構變它，
一般社會上也願意接受它。［我們必須承認］凡是美觀的東西，必定是通［體圖］
隨後是通神圖法，其中必定沒有一點缺陷存在的地方，［這些缺陷不對什麼是好］
［看了，清代也是這樣］

……不……受……所是美觀的東西，如它是通過體圖
……繪圖法，其中必定有一些缺陷存在的地方，指出是什麼缺陷使得不好
的書法呢，通過這一些說，就是要好看，我們的書法就是要把每個〔看了，書法也是這樣〕
字寫好寫得美觀，字的形體要美觀，構成形體的一點一畫也要美觀。
我們不能截然說碑字寫的碑體書法是不美觀的，只是它們的美觀了
一般社會，即普通的人民群眾的審美要求有很遠的距離。書法〔這便是很大的一個問題，是一個很值得研究的問題〕
為廣大的人民而存在呢，在人民之主的我國家，這個問題似乎問得有些〔它是極少數的剝削階級的貴族文人和官僚份子的玩物呢，還是一般的人民群眾、一般社會生活中的一種普遍的交往媒介呢〕
好笑，因為它早已不是一個問題了。然而在前後的反動的腐朽的剝
削階級統治時代，這卻是一個很大的問題，我們若一手拿著〔即使至今前天在這講中說中國的〕
圖書法史，清度森嚴的唐楷為什麼會在漢魏六朝之後出現〔藝術史中一直就存在著剝削階級藝術觀念與人民群眾的生活藝術趣味對立的問題，我覺得有這句話來說中國〕
以流利溫潤為特色的趙孟頫、董其昌為什麼會在唐宋之後出〔書法也似乎有〕
現，為什麼書法在發展了千年之後會出現明代的臺閣體、清代
的館閣體，這些應該都是以讓我們認識到整齊與圓滑之書
法，尤其是楷書發展的必然，常重復得有太多的知識，但他們的
天真爛縵卻恰成為書法審美要素之令手真理的試金石、
過去……

過去的書論在總結前代書法成就時，適當含有批評偏差的毛病。我發現一般對於清代以來的碑學書法的認識存在有一些誤解，而造成這些誤解的責任須由清末民初的負有盛名的文人康有為來承擔。康有為慣於投機，實際上學術水平不高，然而他的名氣很大，他推崇點畫扭曲破碎的碑體書法，讓大家以為碑體書法都〔全部〕是〔這個樣子的〕~~點畫扭曲破碎的~~，我年輕的時候讀康有為寫的廣藝舟雙楫的毒害，〔後來想到要去找那些這種書法字帖〕也認為碑體書法必定全部都是點畫扭曲破碎的，廣藝舟雙楫裏面對張裕釗書很高的評價，我起先以為〔後來見到張裕釗的書法，回想一下〕他的書法也是康有為一派的，章太炎先生〔是革命黨〕多次公開的批評過康有為，在給學生上課時就說得更多了。太炎先生很注意提醒學生們要分辨康有為著作中那些似是而非容易引人誤解的地方，太炎先生批評康有為的時候，就喜歡拿張裕釗的書法來作證。

碑學家們也是以革命家自居的，他們以為必將帖學打倒在地為革命的目的，這樣的一種革命的觀念，未免是缺乏科學性的，算不得是真正的進步的革命。張裕釗的碑體書法明顯是着筆

是真正的進步的革命。張裕钊的碑體書法明顯是借鉴了唐
碑而自立面目的，絕非破碎支離的地方。法度嚴整的唐碑是碑學
家們務欲棄之如敝屣的，因為嚴整的法度与他們欣賞的扭曲
破碎完全的背道而馳。革命確是需要通過打倒舊世界而重
建新世界，完全否定前代的成就，沒有來源的藝術是不存在的。
（於而破舊立新四個字來辯稱，就書作而借了立系統，沒有舊的來龍，新的也定需有書作為）
（封應才能顯現出來）
我們在共產黨的領導下推翻國民黨的反動統治，建立了人民
民主的新國家，但是，共產黨還是承認孫中山先生是革命黨的，
（沒有個人自封為中山先生揚棄所有舊有的革命而是從中山先生的革命貢獻）
我們甚至可以說那種一定全的去棄傳統的革命与進步的所謂藝
術的書法的革命，其實是不存在真正的革命的要求的，也並非書不
不合理的地方，碑学家們恰恰就是一群打着革命的旗號做了很多
錯誤的過激的假革命派。
我們要評承認在清朝末年如張裕钊一樣寫碑體書法的人
並不佔有大多數，但是，具備有這樣書写思想与書法的動的
書法家，也絕不僅張裕钊一人，章宏喜先生的老師是俞曲園，
（便是一個對扣碎字有不懂疑的書法家，但也）
他覺得不應該把破碎扭曲當作書法的追求，曲園先生有比較正

[illegible]

他觉得不应该把破碎扭曲当作书法的追求、与同先生有比较正（经过一段对于碑学存有情绪的书法家、例如）

确的对于中国书法的发展变化历史的认识观念、他也注意

到了在碑在中国书法发展变化历史上居有重要的地位、所以

我们看从曲园先生到太炎先生、再到鲁迅先生、他们师徒祖孙人

都研究金石碑版、都写碑体书法、但他们的碑体书法文雅

不同于一般碑学家的碑体书法、张裕钊在湖北与河北等地讲

学多年、弟子众多、他的对于碑学与碑体书法的观念自然影响了

很多人、前几日来讲法字的宫岛咏士先生、是湖北沛水人、他的碑体（据我所知我们都）

（任在本院久已耳闻、他学的是罗振玉与罗寅不过都是些碑中的名品、我往以为他是碑学家、罗玉他在本院书法展览我）

书法是从张裕钊那里来的、从宫先生那里继承得了一个较

（去看了、方才知道他是张裕钊的传人）

我原以为碑体书法是分两派的、一派是以康有为那样以扭曲破碎为

美观的、一派是以张裕钊那样以通体圆润为美观的、我却忘记了、

康有为与张裕钊在同是所谓封建时代的书法家这样一点上、其

实没有区别、康有为与张裕钊的书法都不具有转主即成为人民（他们的书法是服从了人民所需的、是为封建文化的传播与剥削阶级的事业服务的）

群众的书写工具的条件、蔚孔先生从求学时期起就参加革命、

我想来生、也是[illegible]

……了……者……为主所以为人民
群众的书写工具的条件，蒋丸先生从求学时期起就参加革命，
戎马半生，他其实没有很多时间去学习书法，同时还要应付很
多的写作与文件撰写的需求，他也不能像古代书家那样去
慢慢地描摹一点一画呢，蒋丸先生曾告诉我的认识，说他并不以
为这样的环境适应下写出来的书法就不能成为书法了。蒋丸先生的
书法与张旭怀素他们不同的地方，就是更流利更适宜快速的书写，
（与蒋丸先生的书法观点不完全都一致的地方）
我对于他使碑体书法适宜快速书写的实验都很赞成，
书法的快速书写，不等于指的笔的迅捷与时间的缩短来说的，中国的
文字在几千年的演变过程中，字体经历了不断的调整与融合，这
调整与融合使文字的结构更具规律，文字样式更加规范，更
好写，所谓的更好写，其中便含有能够更快速书写的意思。所以
篆书与隶书一定会朝着楷书与行书去变化，楷书与行书的形体
结构与点画精炼要比篆书与隶书更简单且更规律，它们因
此也比篆书与隶书更适宜快速的书写。清代的馆阁体尽管是
一种很有生气的书法，但它的碑体对平画与点画结构的规律要求。

……清代的館閣體儘管是

一種沒有生氣的書法，但它的體制（已經被僵化成機械）平正，這些結構的規律容易掌握，

恰好適宜初學者的入手，熟練以後也恰可以使平日的書寫更為快速。

清代的讀書人參加科舉考試，主要須使用館閣體的，如果館閣體不

好，寫不好，寫不快，參加科舉考試的人的數量自然就會減少。但是

我們知道，清代不到三百年，單是舉人考試就有幾十萬，這在

封建時代是非常巨大的一個數字，[illegible]獲取功名的讀書人如此

（知道這個幾十萬舉人數量是如何的龐大了）

多，館閣體書法的體式平正與規律整齊是有一些功勞的。

另外，自清代中期發明館閣體以後，衙門裏的公文乃至教育部

（都是用館閣體來寫的。一部四庫全書有三萬六千多冊，當時抄寫了七部，據故宮博物院的同志們介紹說，當時大概）

需要使用館閣體了。官府抄寫的各種書籍也需要使用館閣

（抄一部四庫全書要用二三年的時間。我算了一下，一天總要寫五十冊書吧。如果寫的比較慢，這樣的工作任務如何）

體，就拿朝廷來說，比如一部四庫全書，有各種實錄之類的，

（才能在較短的時間內完成呢。我在這裏講這些，不是給館閣體招魂）

清代之所以會有館閣體的發明，其實是有幾千年的文字的演進

力量在裏面起作用的。俞曲園中過進士，張裕釗雖然只是個舉

人，但他後來被選為內閣中書，[illegible]因為清代的制度，內閣中書的工作任

務之一是抄寫書籍、文選，按的要求裏面即有字體端正這麼一條，

所以說，俞曲園書長[illegible]

稍之一点钞写书籍公文，选拔的要求重在即书写字迹端正这么一样，所以说，俞曲园与张裕钊对于馆阁体都是非常熟稔的，而且写得非常好。我们现在来看他们的碑体书法，在体势的平正以及点画的匀净整齐的方面，不能说得着受到馆阁体的影响。在俞曲园与张裕钊的时代，馆阁体已经（间接）遭到社会一般人士的鄙视了，碑学家们提倡写汉魏六朝碑版，其目的就是反对馆阁体，只是（这本来是）[illegible]（很有些书家在书风的一件事，后来却）碑学家也把书法弄成了玩物，不能适宜于社会一般人士的应用的需要，成了曲高和寡的少数人的所谓艺术，其实是违背了碑体书法的初衷的。

历来的封建时代的书法家，很少有真正了解书法史的，书法对于他们来说（对于书法的演进历史缺乏了解），不过是一种[illegible]（只有为一般人民群众不同的所谓高贵的）的实用工具。我们不妨大胆地说，碑学家也不了解书法的演进历史，并且还是在走回头路。中国书法从汉魏六朝到唐代，经过求点画体式的规范，讲究法度、筋骨，是一种进步。汉魏六朝碑版的粗野，是书法不成熟（期）的表现，而其扭曲破碎，一部分是因为书写与雕刻者都非通晓艺术之人所致，二则是一千数百年的风雨剥蚀的必然结果（这些粗野与扭曲破碎，根本就不是书法自身所应有的东西）[illegible]

□書寫與雕刻者都非真懂藝術之人所為，二則是一千多年的風雨剝蝕的自然結果。（這些粗野與扭曲根本就不是書法自身所應有的東西）碑學家們卻恰將眼光放在這些粗野與扭曲破碎上面，（就在那些書法自身所不應有的東西上面）我們不能說碑學家的碑體書法不是藝術，但是那（近于西洋美術史中有印象主義與立體主義一樣）一種的碑體書法，卻不是中國書法的發展方向。俞曲園與張裕釗應該是認識到了這些，他們深知中國書法首先應該是一門實用的藝術，漢魏六朝碑版可以用來補正帖學中流弊已久的媚俗圓熟之氣與積柔造作之風，[illegible]書法中不妨引入漢魏六朝碑版的一些技巧與天真自然的意蘊，但是將書法引到一條不適合一般社會使用的路子上面去，甚至成為寫字與寫不同的點畫而不情願用一些古怪難受的執筆方法，肯定是有問題的。（這也是我認為在執筆上喋喋不休的原因，因為我認為這是第一步，是書法的根本）俞曲園與張裕釗書來的碑體，它會走向末路的，但是社會還是需要一種適宜於一般人士平日交往、適宜於快速書寫的楷書字體，以便他們兩個人尋找這樣的一種觀念。據我的淺薄了解，在近一百年的時間裏，尤其是近五十年以來，他們的同志愈來愈多，所以書者（不說書法家在改寫這件事，印刷業的普明宋們也在改寫這件事）人並且印刷業的發明家們已經作出了很好的成績，（書法字也係是紙上談兵的事也不足為社會所知）[illegible]

时間裏，尤其是近五十年以來，他們的同志愈來愈多，所以書法

寫这件事[並且印刷業的發明家們已經作出了很好的成績，書法字又僅是紙上談兵的事也不大為社會所知曉]

人，恐怕我把書法界是革除周後，新印出來的時候，我是很

願意去做這件事的，我從不敢說自己是張旭創的同志，應該

說他是我的鍾繇先生，我是他的私淑弟子。

現在要進行文字改革，因此我希望我能提出意見建議，請

一下書法家們在文字改革中起作用，政協會議組織了這麼一

個學習班，請了很多先生來發言，我在本幾年之前的安部

一個建議，我覺得我們現在的人民是新國家的主人，都是新的變

化了氣氛，它應該有自己的通用字體，這個通用字體要是能讓

工人與農民等一切勞動人民所能接受而易於他們去學習與書寫

的，以前的帖學書法強調技巧的重實與靈巧，我以為也是向館閣體

並被歷史所拋棄，它是它因過分的強調技巧的重實與靈巧這個

弊病所引起的必然結果。碑學書法雖然有它無數的時候開始，

就是從那以後，但是它確是有一定的優點的，把它們結合起來，

應該是符合中國書法演進的規律的，並且符合我們現在文

應該是符合中國書法演進的規律的、並且符合我們現在文
字改革的革命性要求的、我自己在這個方面有過一些試驗、也
不知道對不對應該現在的革命要求、這些不是我的發明、我
只不過是沿著前輩書法家的路徑試著走了一走、覺得有一些道
理、故此提出來給大家參考、

跋張裕釗草書稿

昔人有言、古之書者鮮有得筆法者、觀諸元明以來流傳墨
跡、斷斯語益信、廉卿先生一代文宗、不薄書學、其結構雖
隨時而為、而筆法迥別、精心點畫、多所創獲、是以有成、揚於
異世、可謂豪傑之士、出類拔俗者矣、即此卷稿草、初非用
意而為、而卓犖不苟、正非尋常所能企及、良可寶也、卷前
眉上有題記數行、似是筆訣、其文云：名指得力、指轉轉筆
前、指捶入墨深、畫能收鋒、急指腕相應、五指齊力、細
繹之、澈然有得、大書是偶然書的、非定本也、前二語要是先生自
道其平生用筆得力之秘、向來執筆五字法為擫押鉤格抵
先生主張持筆回寸…

[illegible]……作字者……求也。前二語要在先生自
道其平生用筆得力之秘，向未執筆五字法為擫押鉤格抵，
先生之法特筆回指之意形於書者也，以此則筆鋒必易生畫外
故也。惟其用特筆，故不得不薦紙，雙大墨濃，沉著作揚，方當把
指也。藏鋒逆收、鋒急二語，是其作字時刻刻自繩之者，可以合之。言
有時則是索也，其來之由乃是自來書家不易之法，惜不曾引
入正文。謂作其類也，蓋因以大食中三指特筆，同時復使名
指力，於是則其用力之輕重自有不同，未易齊一，惟五指執管不
動，一往和合，用力始得稱齊耳。以指特筆，即歐陽永叔所謂
指運而腕不知者，更要得指腕相應耶？惡形此字，實不能無疑，
特為指出，以諗知者。
超昇偶更檢閱一過，見卷末副頁尾別有一行，作名指得力指於
特筆前紙種注墨殊發墨藏鋒收鋒藏鋒深與鋒迴始知
先生已自為之後二語作愚見之非妄，得一印證，私喜無已。
觀先生遺墨收鋒急，似非所特為，故後之人易忽略處，蓋亦自
知其不甚切合耳。此處可見前輩之篤實不欺。

胡適這个人

胡適這个人、當時在北大的李大釗、高一涵、錢玄同、劉半農、周作人、魯迅和我大家都把他的性格看得很明白了、包括把他從美國請回國的陳獨秀和蔡孑民先生、前人常說見面不如聞名、這句話用在胡適身上是再恰當不過的、那時我們常有茶話和餐會、開始胡適也參加、後來大家就不喊他來、他回過幾次大家都會糊着應酬、下次仍不喊他、他也覺得無趣、就不再問了、只是大家心裏不痛快、總是想着要把這口氣掙回來、因此在新青年和北大事務上常會

與大家發生矛盾、起於大家覺得衛大畢竟是我們首
先要拒絕他的、然思讓著他、恰好新青年是從上海搬
到北京的、大家又多是太炎先生的門生、連我也是掛著
章門弟子的頭銜、才得以到北大預科教書、他於是指
我們與青幫甚異、門規森嚴、外人進不得、說事也容不
得耳聞、他後來竟至於與反動軍閥們同流合污、在
北大時是可以看出些苗頭來的、那個時候的胡適已經是
个兩面人、一方面自高自大唯我獨尊、一方面低聲下氣

趨炎附勢魯迅曾對我說我們與胡適總是要分道揚鑣
的我當時還为他分辯了我們北大諸人中我給胡適說的好
話最多我以为這本是圍護新文化運動所應當做的我
十年後經過學習辯證和唯物主義毛主席著作方明白
毛主席稱魯迅是文化新軍裏最偉大最英勇的旗手
不但是最偉大的文學家而且是最偉大的思想家和偉
大的革命家是最確不過的回想起來魯迅是將我視为
同道的可惜我當時沒有領會到這一點自後也沒有能夠
跟上魯迅成了文化新軍裏的落伍兵古人云朝聞道夕死

可是我現在還不敢說已經開通了不過藉着批判胡適思想的機會整理一下歷史過往把自己的思想也算批判一次總歸是好的

獨秀的到北京大學作文科學長及新青年從上海搬到北京都是我向蔡孑民先生進言的結果而胡適的進北大又是獨秀推薦的那時胡適還在美國獨秀本來和他沒有見過面因为辦新青年拉稿子才時常通信知道他喜歡搞理論作文章就向蔡先生說胡適年少有見解請他來加入我們的革新工作是很好的蔡先生馬上打電報到美國

去請胡適他便來到了北大作文科哲學门的教授擔任的是
中國哲學史新青年原來與胡適沒有關係只是投過幾
篇稿子獨秀到北大後新青年由幾个同仁分任編輯有一
期是歸錢玄同主編的登了一篇王敬軒和林琴南新舊斗
争的文章大部分是劉半農的手筆半農素喜諷刺語之
俏皮胡博士大為不滿認为這樣輕薄的文字有失大學教
授们的尊嚴體統硬要把这个雜誌編輯權歸他一人來
惹起了魯迅弟兄的憤慨他们这樣說新青年如果歸胡
適一人包辦我们就不投稿又是我多事出頭向胡適說你

不能包辦萬不得已時仍舊由獨秀收回去辦倒了以他當
時只好聽從我的勸告沒有能達到他想拿去包辦的目
的自然魯迅便不大睬他我又勸魯迅寬心魯迅嗤笑我我眼
睛是真盲的後來才知道魯迅有先見之明我這一生自以為
辦教育和寫書法兩件事是能拿來說的獨秀說我的字
俗在骨辦教育要識人任事魯迅卻斷定我無識人之
明所以獨秀和魯迅能成事我卻為能者多恥之道而踟躕
惆悵當胡適那部中國哲學史上編出版時我也和一般人心
理一樣要看看他的本領到底怎樣了不起會得鬨動一時但

是使我失望，這是我對他第一次的失望。我只翻看了兩頭十幾頁便沒有興趣再看下去。他寫的白話文的確很漂亮，而他的引用來證成他的論斷的古書中的文句，往往不甚確切，有時且不免近於武斷，使人難以同意。不過那時的一般人對於哲學是仰之彌高的，一為是歐美來的新學問，中國以前是沒有的，故對中國哲學史上編預先已滿心崇敬，或者有些疑慮也認為是歐美人最先研究，萬不可妄生質問。胡適之終於沒有續下去寫中國哲學史下編，他寫文章原不過是揚名用的，名既有了，何苦再費心去寫甚麼下

4

篇呢後來又看見他為申報館作的五十年來的白話文學
言文大致如此記不甚清楚了其中有這樣兩句話好的都
是白話的白話的都是好的也是一個標榜用科學方法的是
講邏輯的我不懂這兩句話是用甚麼邏輯甚麼科學
方法得出的結論這是第二次使我失望比第一次還要大
些從此以後我就很少看他的東西我常常有這樣的感覺
他寫的文字無論是散文或者是詩都很乾淨但是過分地
乾淨了乾淨的同蒸餾水一樣喫起來一點味道也沒有比
大派我到日本考察時記得在東都有一回去看一位在

哲學界享盛名的老教授，他向我說說胡適的白話詩、詩的趣味很少，論他的才情，似乎還遠遠不及劉半農。胡適一点也不要顯出自己的高明，他在美國學的是西方哲學。那个時候的中華民國，雖然推翻了清朝的封建帝王制度、科舉八股這一類東西更是早已被廢除、學校裏講的都是新學，但舊的文化還有很大的勢力，知識分子還都以會背几句論語，會寫几首律詩絶句為榮耀、胡適與這些本來是毫不相干的，一般常面他也知道自己的短處，斷斷不敢參與進去，畢竟陳獨秀、劉半農、黃季剛這

世人都是不肯给人留情面的、不过他也很會作些群众中坚
模子的事、比如他见到我的时候、总會显出一副尊重的表
情、一會说我的书法好、一會说我的舊詩好、但他终究不甘
心、后来就在每周评论上刊了一篇文章、将我的诗大大的批判
了一番、说是公开的批评、無论對错都是光明磊落、我自己
自然不能吭声、朋友们也不好强出头、于是一般人便都以
为留洋的胡博士對中國的舊詩词有精深的研究和见
解了、胡适自认为是中國白话诗的祖师爷、對同时也写白
话诗的刘半农、俞平伯以及鲁迅也要置诸下等、以显出

他的地位來、我也學着寫着幾篇白話詩、水平確不高、他
不敢指斥半農和魯迅、怕挨打挨罵、就拿我與平伯當
箭垛、手法一仍其舊、還是在雜誌上刊登文章、平伯和
我說不好拆自家人的臺、大家要團結和睦不要吵鬧、要
我不要反駁也不要到外面去說他的陰暗面、胡適正是
猜中了我們會因為顧全局面而不與他起衝突、屢屢逞
其猾狡之技、半農編過一本初期白話詩稿、不及三十首詩
罷、我有九首、兼士六首、胡適只五首、排在第三、他見了很生
氣說新文化運動如今成了章門兄弟的革命史了、半農

的二弟天華還有天華的兒子都病死在美國人開的協和醫院裏面、往前説孫中山先生和梁啓超也都是在協和去世的、所以半農恨極也怕極了協和、等到半農生病、胡適硬要把他送到協和去、上午送去下午就死了、一般人只知道胡適任的是北京大學文學院院長、都不知道他還是協和醫院開幕禮的座上賓、兼着董事的職位、這个董事直到他跑去台灣一直作了二十年、胡適與大家合不來、蔡孑民先生也頗覺彆彆、因为胡適是他請來的、有一回我想將自己寫的一些舊詩編起來、蔡先生碰巧看見了就寫了一篇序文、我搬過幾次家、抗戰到重慶、劉開始終連序子都沒得住的、損失了很多的書籍資料、子民先生的這篇序文也在那時遺失了、不過印象是很深的蔡先生在序裏面說我的新舊詩都還可以一讀、這本是寫序者常用的客套話、不能用來證明我的詩真的就很好了、但子民先生又說我的詩和慕陵淺薄之流絕殊、這就不是慣常所見的虛文了、當時我還指着這一句對蔡先生開玩笑說不太敦厚、蔡先生抹了抹下頦未發一言、後來得魯迅的點醒、方才知道子民先生說的正是胡適、我們有些猶豫、覺得搞僵了對他不好、大家都是一個陣營的同志、總以團結為最重要、所以在交書局出版時、就自作主張撤下了梁先生的序文、現在想一想真是迂腐、而梁先生一眼就看透了胡適鑽營霸道的不學無術的底子、大概是希望能藉着機會發難以告諸天下、可恨我竟然沒有領會到他的深意、還覺得是迂腐、完全就是可悲了。

胡適的本領專長就那麼兩樣、容易被人看穿學會、時間不久就不靈了、他心裏自然是清楚的、他又不

皆下功夫再去学、便要打击别人一下、以显出他别有神通、还
有一种种风头的技能、再就这一点深入研究一下、这与帝国主
义反动政客们的伎俩完全一样、平日喊出许多好听的口
号来、不过是一种引人的幌子、与他们的行为完全不相符
合的、这是我们常常可以看到可以听到不胜枚举的事、
例胡适也就是这一种类型的活跃於反动时代的政客
学者、还可以举一两件可发笑的事、如果不是我亲自看
见听见的、绝不会相信、一件是陈仲恕对我讲、说他震
於胡适大名、有一次胡博士在北大大礼堂公开演讲、觉

得有點耳熟、仔細想一想記得是在顏習齋書裏看見過、回去一察果然不差、這回他對我講胡博士因太過忙碌、講演期到了講稿還沒有準備好、就到琉璃廠書店去買了一本顏習齋的著作、在洋車裏翻了一翻、便把這一場的演講對付過去了、這是這回親眼看見的、另外一件事、是因我有事到他家裏去、他那時候同張慰慈住在一起、他們是美國的同學、他們書房裏有一張大的少有的書桌、桌子中間一本一本的翻開來覆着的書、堆得像一座小山一樣、乍一看不免使我有點驚訝、慢慢地想了一想、才明白了這是胡博士著書的成績，他實在沒有時間仔細讀書，只好臨時翻檢用剪報的方式去採取他所需的材料，我所以說胡博士是翻書著書，後來又知道張慰慈慣用英文講課，教授開會時也講英文，他的政治學大綱實際是從美國大學講義翻譯過來的，因他的中文不好，要胡適給他潤色，胡博士雖也在美國讀書，英文確是不行的，故此要讓張慰慈給他代勞英語文章，所以他們住在一起是彼此有需要的地方，然而學生們還是喜歡讀他的東西，這是甚麼緣故呢，一則是因為他的文章寫

的清楚容易瞭解、再則他往往單憑他的主觀願望去
處理每一個問題，輕易下斷語，做結論、學生讀書少，不能
够發現他的輕率武斷的毛病，反而佩服他說得那麼
簡而明、其實不用簡單化的手段就可以瞭解一切學問
的、凡稍微多讀幾本書的人就很容易看出他文章中的
漏洞、所以我以為他對一般人的影響是一時不會永久的、他
自己曾經說過但開風氣不為師、所以開風氣之一點、一般人
都認為是他的功勞、其實新文學運動的發起人是陳獨秀、
打倒孔家店的主張者是吳又陵他不過跟著盡了一些

宣传的力量，他又善於自吹自擂，一般人不知底裏，即把这个功劳归於他一个人的身上去了，於他自己而言，这即是一大恨事。五四运動起来時，他恰恰因为了要回到安徽老家去，並没有参與这偉大事件的發動，風頭讓傅斯年和兼士诸人搶去了，於是大为不满，等他回到北京聽了多样的謠傳，误把沈三當作了沈二，以故一到就向我提出許多責難，一面说这是非常时期，你们應該採取革命的非常手段，一面又说学生这个時候，不應該罷課，我要勸他们立刻復課，我要等学生回大會時去講話，阻擱他不住，

10

終於到會上講了話、但沒有人理睬他、討了個沒趣、他又提議把北大遷到上海去、因他原是上海中國公學的學生、想要把北大併到中國公學去、我雖一貫給他說好話、這個時候也不得不堅決反對、北大終未分裂、胡適後來終於當了中國公學的校長、張慰慈也順便被他帶到了上海、他是個頭等喜歡出風頭的人物、所以他到了北京被研究係一勾引、便見獵心喜起來了、書齋學問也好、生活也好、在他都不過借來作為出風頭的工具而已。

胡適的學問如何、懂得的大家都知道了、只是不好說破、他既已没有人去说、一般人家便越发以为胡博士实在了得、胡博士有了学术名声、还不想当官了、大家都知道胡适当过驻美国的大使、那是抗战时的事、对于他当大使、大家都表示理解、也表示尊敬、认为他在为抗战作贡献、实际胡适很早就想当官、当大使不过在借着抗战的名头、实现他以前的梦罢了、胡适到北大时正是北大大事改革的时期、教授评议会、教务会相率成立、教务长一职、蔡先生本来属意于胡适、但理科有许多教授很不赞成、有人扬言、等一胡适当选、我们要闹一闹、我听见了就向蔡先生育重、我說他年青、學術方面應該愛護他、讓他能夠專心一意專心地研究學問、事務上的瑣屑工作、可以暫且不要煩勞他才好、蔡先生同意了我的意見、結果該科的馬寅初當選了教務長、但胡適因此對於我大不快意、他向我說、我想、我自來對於辦任何事情、都是喜歡做第一任的主持人、這次你不讓我當第一任北大教務長、我是很不高興的、後來馬寅初先生因病請假、理科乃推俞同奎先生代理、俞先生是京師大學堂時期的留洋學生、聲望很高、胡適造輿論說俞先生的祖父俞曲園投靠過湘軍、後來又反對

孫先生的革命、縱使有一點從美國帶回來的科學思想、即
飽受長久的血液、那時候孫中山先生扶病到北京與反動軍
閥會商國是、不幸去世、舉國正在悲痛之際、所以胡適之
之一生、更代理校長蔣夢麟都去請了說我們只好
附和以歸新陣營的團結和對舊陣營的決絕、蔣校長不
世被胡適愚弄挾持、在大學校開孫中山先生追悼會的時、
就將北大代表名單上的胡適給劃掉了、實則因李先生與由
園同窗那時同校、胡適自然是知道這个的、他這樣說、除
了自己想當教務長、務的時的李先生擠下去、另一層意

思之要扎一下平伯、平伯是曲園嫡曾孫、舊學的功夫自是
深厚、且又是最早寫白話詩的人、胡適只有白話詩是最大
的本錢、置錢穿平伯在前、故此總要與辯法每懷平伯的本
聲、半農常說胡適慣會借力、出要就在這裏、凡學校裏
的官職、胡適沒有不感興趣的、有一回北大選舉評議員、當
大釗和胡適均當選、胡適選舉票多於大釗、胡適見了大釗速
打那說、你們有了意、不久子再選舉評議員、大釗選票較胡適為
多、時大釗適在牆角、胡適在中排、大釗於是高喊、適之！
汝且拭去、我決未有意多汝票數、眾人皆笑謂不已、再後來

選舉教員代表、胡適就能脫穎選了、因為大家都知道其人如何了、胡適雖也常常干涉事的打算、他在北京大學當評議員都很少參加評議會、因為評議會要討論了反動政府的種種對策、胡適是躲之唯恐不及、且因評議會常有抗議反動政府的提案、胡適生怕反動政府和官僚議會了他、於是每每以評議員資格聲明反對評議會的決議案、北京大學宣告脫離教部、當時恰好我也是評議員主張脫離教部的、胡適每見了我、趁着青年學生教授經過、便會大聲說、我是絕對贊成、可以不要政府的薪水、我們胡適之沒有別的本領、都只好餓死

13

在去年前、评议会为北京大学最高机关、反动政府也以承
认、胡适屡次贤能未果后、竟提出政教分离主张、纠合了一帮人
召开评教联席会议、结果表决将评议会置于教务会议之下、
先实了反动军阀控制北京大学的专卒可笑的主张了、后胡适
何需举选评议员、当时已无人敢同反对他、所以他竟又当选
自己反对之评议会评议员、胡适的人格于之一斑了、报载胜利
后国民党的中央日报上有记者说、美国对中国援助是胡大
使努力所致的结果、明白人一听这话、就晓得是唐玉桂、胡适
卸洪出来了、厚颜竟至如此、

書法雅言校注

明項穆德純撰

書統①

河馬負圖，洛龜呈書，此天地開文字也。羲畫八卦，文列六爻，此聖王啓文字也。若乃龍鳳龜麟之名，穗雲科斗之號，篆籀嗣作，古隸爰興，時易代新，不可殫述。信後傳今，篆隸焉爾。歷周及秦，自漢逮晉，真行迭起，章草孳浸，文字菁華，敷宣盡矣。然書之作也，帝王之經綸，聖賢之學術，至於玄文内典，百氏九流，詩歌之勸懲，碑銘之訓戒，不由斯字，何以紀辭。故書之爲功，同流天地，翼衛教經者也②。夫投壺射矢，猶標觀德之名；作聖述明，本列入仙之品。宰我稱仲尼賢於堯、舜，余則謂逸少③兼乎鍾、張④，鍾，《美術》誤作鐘，學者不可不知，鍾鐘有別，後不其列。大統斯垂，萬世不易⑤。第唐賢求之筋力軌度，其過也，嚴而謹矣；宋賢求之意氣精神，其過也，縱而肆矣；元賢求性情體態，『元賢求之』《美術》脱『之』字。其過也，温而柔矣。其間豪傑奮起，不無超越尋常，概觀習俗風聲，大都互有優劣。明初肇運，『明初』《集成》作『我明』。尚襲元規，豐、祝、文、姚⑥，竊追唐躅，上宗逸少，大都畏難。夫堯、舜人皆可爲，翰墨何畏於彼？逸少我師也，所願學是焉。奈自祝、文絶世之後，南北王、馬亂真，邇年以來，競仿蘇、米⑦。王、馬疏淺俗怪，易知其非；蘇、米激厲矜誇，罕悟其失。斯風一倡，靡不可追，攻乎異端，害則滋甚。况學術經綸，皆由心起，其心不正，所動悉邪。宣聖作《春秋》，子輿距楊、墨，懼道將日衰也，其言豈得已哉。柳公權曰：心正則筆正。余則曰：人正則書正。取舍諸篇，不無商、韓之刻⑧；心相等論，實同孔、孟之思。六經非心學乎？傳經非六書乎？正書法，所以正人心也；正人也，所以閑聖道也⑨。子輿距楊、墨於昔，予則放蘇、米於今。垂之千秋，識者復起，必有知正書之功，不愧爲聖人之徒矣。

①王羲之《白雲先生書訣》云：『天臺紫真謂余曰，子雖至矣而未善也，書之氣，必達乎道，同混元之理，七寶齊貴，萬古能名。』唐張懷瓘《書斷序》云：『文章之爲用，必假乎書，書之爲徵，期合乎道，故能發揮文者莫近乎書。』黄庭堅《論書》云：『學書須要胸中有道義，又廣以聖哲之學，書乃可貴，若其靈府無程，政使筆墨不減元常、逸少，只是俗人耳。』

②尹默曰：歷代皆有通行之字體，悉由官定，秦之八分隸書，漢之章草，唐之真書，宋之院體，元之趙體，明之臺閣，清之館閣，皆是也。異性鼎革，必變字體以應之，如正朔然故書法之道關乎世事人心，非僅技也術矣。

③王羲之。

④張芝、鍾繇。

⑤《書譜》云：『元常專工於隸書，伯英猶精於草體，彼之二美而逸少兼之。』

⑥豐坊、祝允明、文徵明、姚綬。

⑦蘇軾、米芾。

⑧《商君書》《韓非子》，皆法家流，故曰『刻』。

⑨《法言》云：『書，心畫也。』

古今

書契之作，肇自頡皇；佐隸之簡，興於嬴政。『政』《集成》誤作『正』。他若鳥宿芝英之類，『芝』《美術》原闕。魚蟲薤葉之流，①紀夢瑞於當年，圖形象於一日，未見真迹，徒著虚名，風格既湮，考索何據？信今傳後，貴在同文；『貴』《美術》作責。探賾搜奇，要非適用。故書法之目，止以篆、隸、古文，兼乎真、行、草體。書法之宗，『宗』《美術》『宗』上原衍『中』。

獨以羲、獻、蕭、永[②]，佐以虞、褚、陸、顔[③]。他若急就、飛白，亦當游心，歐、張、李、柳[④]，或可涉目。所謂取法乎上，僅得乎中；初規後賢，（『初』《集成》作『切』。）冀追前哲。匪曰生今之世，（『匪曰生今之世』《美術》作『匪是今之世』，據《集成》改。）不能及古之人，學成一家，不必廣師群妙者也[⑤]。米元章云：時代壓之，不能高古，自畫固甚。又云：真者在前，氣焰懾人，畏彼益深。至謂書不入晉，徒成下品。若見真迹，惶恐殺人。既推二王獨擅書宗，又阻後人不敢學古[⑥]，元章功罪，足相衡矣。噫！世之不學者固無論矣，自稱能書者有二病焉：巖搜海釣之夫，每索隱於秦、漢；井坐管窺之輩，恒取式於宋、元。太過不及，厥失維均。蓋謂今不及古者，每云今妍古質；以奴書爲誚者，自稱獨擅成家[⑦]。不學古法者，無稽之徒也，專泥上古者，豈從周之士哉[⑧]？夫夏彝商鼎，已非汙尊抔飲之風；（『抔』《美術》作『壞』，《集成》同，皆誤。）上棟下宇，亦異巢居穴處之俗。生乎三代之世，不爲三皇之民，矧夫生今之時，奚必反古之道？是以堯、舜、禹、周，皆聖人也，獨孔子爲聖之大成；史、李、蔡、杜[⑨]，皆書祖也，惟右軍爲書之正鵠。奈何泥古之徒，不悟時中之妙。專以一畫偏長，一波故壯，妄誇崇質之風。豈知三代後賢，兩晉前哲，尚多太樸之意[⑩]。宣聖曰：『文質彬彬，然後君子。』孫過庭云：『古不乖時，今不同弊。』審斯二語，與世推移，規矩從心，中和爲的。謂之曰：天之未喪斯文，逸少於今復起，苟微若人，吾誰與歸。

① 古書三十六種，有鳥書、魚書、芝英書、倒薤書。篆書十八體，有芝英篆、薤葉篆。又百體書，有倒薤書、□□書、芝英隸、蟲篆、魚篆、鳥篆。

② 蕭子雲、智永。

③ 虞世南、褚遂良、陸柬之、顔真卿。

④ 歐陽詢、張旭、李邕、柳公權。

⑤ 此語爲近世惰於學者廣開方便之門矣。

⑥ 尹默曰：『飛白』創自蔡伯喈，有二體，蔡伯喈、王敬之是一體，當時題匾額所用者是也。《抱樸子》

葛天師所傳又是一體，唐宋兩朝天子所書者是也。

⑦ 虞龢《論書表》云：『夫古質而今妍，數之常也。愛妍而薄質，人之情也。鍾張方之二王，可謂古矣，豈得無妍質之殊。且二王暮年皆勝於少，父子之間，又爲今古，子敬窮其妍妙，固其宜也。然優劣既微，而會美俱深，故同爲終古之獨絶，百代之楷式。』

⑧ 言李應禎也。祝氏《書述》云：『應禎資力故高，乃特違衆。既遠群也，並去根源，或從孫枝翻出已性，離立筋骨别安眉目。』應禎嘗云：『隨人脚踵，就令學成王羲之，衹是他人書耳。』枝山頗不以其外舅言爲然，作《奴書訂》云：『爲圓不從規，擬方不按矩，得乎？』又云：『啖必穀，舍穀而草，曰穀者「奴餐」，可乎？學爲賢人，必法淵賜；晞聖者必師孔，違誅泗之邪曲，而曰爲孔、顔者「奴賢」「奴聖」者也，可乎？』又作評書云：『不屑爲鍾、索、羲、獻之後塵，乃甘心作項羽、史弘肇之高弟。』又云：『蓋師法古而結體密，源流遠而意象深，乃爲法書。』

⑨ 史游、李斯、蔡邕、杜操。

⑩ 尹默曰：書法之道不可『以古非今』，亦忌『以今疑古』，德純論書雖不免隔膜，然大旨未偏，亦有卓識也。

辨體①

夫人靈於萬物，心主於百骸。故心之所發，藴之爲道德，顯之爲經綸，樹之爲勳猷，立之爲節操，宣之爲文章，運之爲字迹。爰作書契，政代結繩，删述侔功，神仙等妙。苟非達人上智，孰能玄鑒入神？『孰』《美術》作『執』，誤。但人心不同，誠如其面，由中發外，書亦云然。所以染翰之士，雖同法家，揮毫之際，『毫』《集成》皆作『豪』，雖不誤，然今之學者易滋疑惑。各成體質②。考之先進，固有説焉。孫過庭曰：矜斂者，弊於拘束；脱易者，失於規範；躁勇者，過於剽迫；狐疑者，溺於滯澀。此乃舍其所長，而指其所短也。夫悟其所短，恒止於苦難；恃其所長，多晝於自滿。孫子因短而攻短，予也就長而刺長。使藝成獨擅，不安於一得之能；學出專門，益進於通方之妙。理工辭拙，知罪甘焉。夫人之性情，剛柔殊稟；手之運用，乖合互形③。謹守者，拘斂襟懷；『襟』《美術》誤作『雜』。縱越者，度越典則；速勁者，驚急無藴；遲重者，怯鬱不飛；簡峻者，挺掘鮮遒；『掘』通『倔』。嚴密者，緊實寡逸；温潤者，妍媚少節；標險者，雕繪太苛；雄偉者，固愧容夷；婉暢者，又慚瑞厚；莊質者，蓋嫌魯樸；流麗者，復過浮華；駛動者，似欠精深；纖茂者，尚多散緩；爽健者，涉兹剽勇；穩熟者，『熟』《集成》誤作『孰』。缺彼新奇④。此皆因夫性之所偏，而成其資之所近也⑤。他若偏泥於古體者，蹇鈍之迂腐；自用爲家者，庸僻之俗吏；任筆驟馳者，輕率而逾律；臨池猶豫者，矜持而傷神；專尚清勁者，枯峭而罕姿；獨工豐豔者，濃鮮而乏骨。此又偏好任情，甘於暴棄者也。第施教者貴因材，自學者先克己。審斯二語，厭倦兩忘。與世推移，量人進退，何慮書體之不中和哉⑥。

① 尹默曰：書無性情則必〔不〕能佳，乖睽資性者亦不能佳，書家必先從資性，字乃能佳。謹守者未必拘斂，速勁者未必驚急，温潤者未必妍媚，纖茂者未必散緩，要在善爲驅使適其所用也。且夫拘斂、驚急、妍媚、散緩亦書法中不可少者。德純所云辭義相違，昏昏昭昭徒增茫昧，一言以蔽之，過猶不及耳，何用絮聒千萬言。

② 唐太宗《指意》云：『夫字以神爲精魄，神若不和，則字無態度也，以心爲筋骨，心若不堅，則字無勁健也。』

③ 王羲之《白雲先生書訣》云：『把筆抵鋒，肇乎本性，力圓則潤，勢疾則澀，緊則勁，逸則峻，內貴盈，外貴虛，起不孤，伏不寡，向迎非近，背接非遠，望之惟逸，發之惟靖，敬兹法也。』

④ 米芾《還書帖》云：『書在布置穩不俗，險不怪，老不枯，潤不肥。』

⑤ 尹默曰：謹守、縱逸、速勁、遲重、簡峻、嚴密、温潤、標險、雄偉、婉暢、莊質、流麗、駛動、纖茂、

爽健、穩熟，書字之風格與習慣也。一體而兼具三兩風格，一筆而隱見三兩習慣，非達人上智不可獲致。一體而中和多能，一筆而衆妙成備，雖逸少亦難能。《抱樸子》云：『譬猶禽魚之結侶，冰炭之同器，欲其久合，安可得哉！』即此之謂也。書家欲求其風格多變，要能兼擅各體，磨礪歲月，舍此皆邪説異端。

⑥ 黄庭堅論書云：『學書端正，則窘於法度，側筆取妍，往往工左而病右。』

形質[1]

穹壤之間，『壤』《美術》誤作『壞』。齒角爪翼，物不俱全，氣稟使然也。書之體狀多端，人之造詣各異，必欲衆妙兼備，古今恐無全書矣[2]。然天地之氣，雨暘燠寒，風雷霜雪，來備時叙，萬物榮滋，極少過多，化工皆覆[3]。故至聖有參贊之功，君相有燮理之任，『燮』《集成》誤作『變』。皆所以節宣陰陽，而調和元氣也。是以人之所稟，上下不齊，性賦相同[4]，氣習多異，不過曰中行，曰狂，曰狷而已。所以人之於書，得心應手，千形萬狀，不過曰中和，曰肥，曰瘦而已[5]。若而書也，修短合度，輕重協衡，陰陽得宜，剛柔互濟。猶世之論相者，不肥不瘦，不長不短，爲端美也，此中行之書也。若專尚清勁，偏乎瘦矣，瘦則骨氣易勁，而體態多瘠。獨工豐豔，偏乎肥也，肥則體態常妍，而骨氣每弱。猶人之論相者，瘦而露骨，肥而露肉，不以爲佳；瘦不露骨，肥不露肉，乃爲尚也[6]。使骨氣瘦峭，加之以沉密雅潤，端莊婉暢，雖瘦而實腴也。體態肥纖，加之以便捷遒勁，流麗峻潔，雖肥而實秀也。瘦而腴者，謂之清妙，不清則不妙也。肥而秀者，謂之豐豔，不豐則不豔也[7]。所以飛燕與王嬙齊美，太真與采蘋均麗。譬夫桂之四分，梅之五瓣，蘭之孕馥，菊之含叢，芍藥之富豔，芙渠之燦灼，異形同翠，殊質共芳也。臨池之士，進退於肥瘦之間[8]，深造於中和之妙，是猶自狂狷而進中行也，慎毋自暴且棄者。『者』《集成》作『哉』，亦可。

① 碑學家最應來看。

② 此語雖不誤，然容易引人入歧。

③王羲之《白雲先生書訣》云：『陽氣明則華壁立，陰氣大則風神生。』

④王羲之《白雲先生書訣》云：『把筆抵鋒，肇乎本性。』

⑤張懷瓘《書斷》云：『杜氏傑有骨力，而字筆劃微瘦。惟劉氏之法，書體甚濃，結字工巧。』羊欣《采古來能書人名》云：『鍾繇、胡昭俱學書於德升，而胡書肥，鍾書瘦。』梁武帝《觀鍾繇書法十二意》云：『元常謂之古肥，子敬謂之今瘦。今古既殊，肥瘦頗反，如自省覽，有異衆説。張芝、鍾繇，巧趣精細，殆同機神，肥瘦古今，豈易致意。』

⑥張懷瓘《評書藥石論》云：『夫馬筋多肉少爲上，肉多筋少爲下，書亦如之。』又云：『若筋骨不任其脂肉，在馬爲駑駘，在書爲墨豬。』

⑦黄庭堅論書云：『肥字須要有骨，瘦字須要有肉，古人學書學其工處，今人學書肥瘦皆病，又常偏得其人醜惡處。』

⑧米芾《述書帖》云：『字要骨格，肉須裹筋，筋須藏肉，帖乃秀潤。』

品格[1]

夫質分高下，未必群妙攸歸；功有深淺，詎能美善咸盡。因人而各造其成，就書而分論其等，擅長殊技，異有五焉[2]。一曰正宗，二曰大家，三曰名家，四曰正源，五曰傍流。並列精鑒，優劣定矣。會古通今，不激不厲，規矩諳練，骨態清和，衆體兼能，天然逸出，巍然端雅，奕矣奇鮮。『鮮』《美術》誤作『解』。此謂大成已集，妙入時中，繼往開來，永垂模軌，一之正宗也。篆隸章草，種種皆知，執使轉用，優優合度，數點衆畫，形質頓殊，各字終篇，勢態迥别，脱胎易骨，變相改觀。猶之世禄巨室，方寶盈藏，時出具陳，焕驚神目，二之大家也[3]。真行諸體，彼劣此優，速勁遲工，清秀豐麗，或鼓骨格，或炫標姿，意氣不同，性真悉露。譬之醫卜相術，聲譽廣馳，本色偏儼具工，藝成獨步，三之名家也[4]。温而未厲，恭而少安，威而寡夷，清而歉潤，屈伸背向，『伸』《集成》作『仰』亦可。儀刑，揮灑張弛，恪遵典則。猶之清白舊家，循良子弟，未弘新業，不墜先聲，四之正源也。縱放悍怒，賈巧露鋒，標置狂顛，恣來肆往，引倫蛇掛，頓擬蹲蹲，或枯瘦而巉巖，或穠肥而泛濫。譬之異卉奇珍，驚時駭俗，山雉片翰如鳳，海鯨一鬣似龍也，斯謂傍流，其居五焉[5]。夫正宗尚矣，大家其博，名家其專乎，正源其謹，傍流其肆乎？欲其博也先專，與其肆也寧謹。由謹而專，自專而博，規矩通審，志氣和平，寢食不忘，心手無厭，雖未必妙入正宗，端越乎名家之列矣。

① 以德純所論晉唐乃是正宗，趙宋可謂名家，朱明諸公則是大家矣。

② 《宣和書譜》云：『獨鉅之立論，以性之與習，自是兩途。有字性不可以無學，有字學者復不可以無性，故其爲言曰：「習而無性者其失也俗，性而無習者其失也狂。」蓋以謂有規矩繩墨者，其習也；至於超詣絶塵處，則非性不可。二者相有以相成，相無以相廢，至此然後可以論書歟！又爲説曰：「羲之七子，獨獻之能嗣其學，則知用此以求古人，庶幾天下書眼同一綱紐耳！」噫！鉅之能爲此論，則能知書之病也夫！』

③ 尹默曰：晚近以來，有所謂書家者祇擅一體，真書如此寫，行書亦如此寫，大字如此寫，小字仍如此寫，悉稱名家聲譽廣馳云云。形容恰當，若大家者，必兼善多面，多專而博求。

④ 蘇、黄耶？

⑤ 尹默曰：清之乾嘉以後此種漸成風尚，可蔑之曰傍亦可美之曰新。德純屢言常變，然未得常變之奥義，亦未通古今之常變，德純前後多矛盾蹇塞，讀者不可不察也。

資學[1]

書之法則，點畫攸同；形之楮墨，性情各異。『異』《美術》作『盡』。猶同源分派、共樹殊枝者，何哉？資分高下，學別深淺。資學兼長，神融筆暢，苟非交善，詎得從心。書有體格，非學弗知。若學優而資劣，作字雖工，盈虛舒慘、回互飛騰之妙用弗得也。『盈虛舒慘』《美術》誤作『盈舒虛慘』。書有神氣，非資弗明，若資邁而學疏，筆勢雖雄，鉤揭導送、提搶截拽之權度，弗熟也。所以資貴聰穎，學尚浩淵。資過於學，每失顛狂；學過於資，猶存規矩。資不可少，學乃居先[2]。古人云：蓋有學而不能，未有不學而能者也。然而學可勉也，資不可强也。天資縱哲，標奇炫巧，色飛魄絶於一時，學識諳練，入規應矩，作範垂模於萬載。孔門一貫之學，竟以參、魯得之，甚哉學之不可不確也。然人之資稟有温弱者，有剽勇者，有遲重者，有疾速者。知克己之私，加日新之學，勉之不已，漸入於安，萬川會海，成功則一。若下筆之際，枯澀拘攣，苦迫蹇鈍，是猶朽木之不可雕，頑石難乎琢也已。譬夫學謳之徒，字音板調，愈唱愈熟，若唇齒漏風，喉舌砂短，没齒學之，終奚益哉！

附評[3]

夫自周以後，由漢以前，篆隸居多，楷式猶罕。真章行草，趨吏適時，姑略上古，且詳今焉，夫道之統緒，始自三代，而定於東周；書之源流，肇自六爻，而盛於兩晉。宣尼稱聖時中，逸少永寶爲訓。蓋謂通今會古，集彼大成，萬億斯年，不可改易者也。第自晉以來，染翰諸家，史牒彰名，縹緗著姓，代不乏人，論之難殫。若品格居下，真迹無傳，予之所列，無復議焉。蓋聞張、鍾、羲、獻[4]，書家四絶，良可據爲軌躅，爰作指南。彼之四賢，資學兼至者也[5]。然細詳其品，亦有互差。張之學、鍾之資，不可尚已[6]。『不可』《美術》脱『不』字。逸少資敏乎張，而學則稍謙；學篤乎鍾，而資則微遜。伯英學進十矣，資居七焉。元常則反乎張，逸少皆得其九。子敬資稟英藻，齊徹元常，學力未深，步塵張草。『張草』《集成》誤作『章草』。惜其蘭折不永，躓彼駿馳，玉琢復磨，疇追驥騄。自云勝父，有所恃也，加以數年，豈萍語哉[7]。六朝名家，智永精熟[8]，學號深矣；子雲飄舉[9]，資稱茂焉。至於唐賢之資，褚、李標幟，論乎學力，陸、顔蜚聲。若虞若歐，若孫若柳，藏真⑩、張旭，互有短長，或學六七而資四五，或資六七而學四五。『資六七而學四五』《美術》《集成》皆誤作『資四五而學六七』。觀其筆勢生熟，姿態端妍，概可辨矣。『辨』集成誤作『辯』。宋之名家，君謨⑪爲首，齊範唐賢，天水之朝，書流底柱⑫。李、蘇、黄、米，邪正相半，總而言之，傍流品也。後之書法，子昂⑬正源，鄧、俞、伯機⑭，亦可接武，妍媚多優，骨氣皆劣。君謨學六而資七，子昂學八而資四，休哉蔡、趙，兩朝之脱穎也。元章之資，不減褚、李，學力未到，任用天資⑮，觀其纖濃詭厲之態，猶夫排沙見金耳。『夫』《美術》作『無』。子昂之學，上擬陸、顔，骨氣乃弱，酷似其人。大抵宋賢資勝乎學，元手學優乎資。『手』《美術》作『賢』。使彼元章之睿質，勵子昂之精專⑯，宗君謨之遒勁，師魯直之懸腕，不惟越軌三唐，超蹤宋、元，端居乎逸少之下、子敬之上矣。明興以來，書迹雜糅，景濂、有貞，仲珩、伯虎⑰，僅接元蹤；伯琦、應禎，孟舉、原博⑱，稍知唐、宋。希哲存禮⑲，資學相等，初範晉唐，晚歸怪俗，競爲惡態，駭諸凡夫。所謂居夏而變夷，棄陳而學許者也。然令後學知宗晉唐，其功豈少補邪。文氏父子，徵仲學比子昂，資甚不逮，筆氣生尖，殊乏蘊致⑳，小楷一長，秀整而已㉑。壽承、休承，資皆勝父，入門既正，克紹箕裘。要而論之，得處不逮豐、祝之能，邪氣不染二公之陋。仲温㉒草章，『草章』《集成》作『章草』。古雅微存；公綬㉓行真，樸勁猶在。高陽道復㉔，僅有米芾之遺風；民則立綱㉕，『綱』《美術》《集成》皆誤作『剛』。盡是趨時之吏手㉖。若能以豐、祝之資，兼徵仲之學，壽承之風逸，休承之峭健，不幾乎歐、孫之再見耶！若下筆之際，苦澀寒酸，如倪瓚之手，縱加以老彭之年，終無佳境也。

① 後主《書述》云：『奇哉，是書也！非天賦其性，口受要訣，然後研功覃思，則不能窮其奥妙。』

② 見孫過庭《書譜》，太宗皇帝亦有是語。

③ 尹默曰：德純格局偏狹，境界未開，知二王前有鍾張，亦知張鍾有别於二王，然固執二王而不許後人稍逾範圍。若此，孟軻豈非儒家之異端，程朱乃名教之罪人耶？彼蔡蘇黄米也非王門奴僕，蓋再造書道之功臣，豈泥古之卑論哉？歐顔之後，楷書與二王殊途，孰有間言，蘇米繼起，行書與二王異趣。苟非蘇

米行書不能與唐楷並肩矣。書猶水也，水之源，清冽細緩，然江河奔湍，瀑布急瀉，擊石飛浪，洪鐘萬鈞，雖大禹不能禁也。奈何逸少之法，便云萬世不可易耶？死水而不流，其書法之正宗哉？

④虞龢《論書表》云：『漢魏鍾、張擅美，晉末二王稱英。』

⑤袁昂《古今書評》云：『張芝驚奇，鍾繇特絶，逸少鼎能，獻之冠世，四賢共類，洪芳不滅。』

⑥庚肩吾《書品》云：『張工夫第一，天然次之。鍾天然第一，工夫次之。』虞云：『王功夫不及張，天然過之，天然不及鍾，工夫過之。』

⑦虞龢《論書表》云：『謝安嘗問子敬：「君書何如右軍？」答曰：「故當勝。」安云：「物論殊不爾。」子敬答曰：「世人哪得知。」』

⑧李嗣真云：『永精熟過人，惜無奇泰。』

⑨袁昂《古今書評》云：『子云書如上林春花，遠近瞻望，無處不發。』

⑩即僧懷素。

⑪蔡襄。

⑫歐陽修《蘇子美蔡君謨書》云：『君謨獨步當世，然謙讓不肯主盟。』

⑬趙孟頫。

⑭鄧文原、俞和、鮮于伯機。

⑮周必大題米芾《馬賦》云：『元章詞章俊拔，略無滯礙，使能約以法度，博以學問，則生當獨步翰墨之場，没且登名文章之録，其成就豈止此而已。』

⑯尹默曰：字之骨氣要在筆能扛鼎，非一味使蠻用强也。子昂點畫圓秀，然綿裏裹鐵，骨力剛硬，二千年間罕有其匹。

⑰ 宋濂、徐有貞、宋璲、唐寅。

⑱ 周伯琦、李應禎、詹希元、吴寬。

⑲ 祝允明、豐坊。

⑳ 王世貞《文先生傳》云：『徵仲書法無所不歸，仿歐陽率更，眉山、豫章、海嶽，抵掌睥睨。』

㉑ 王世貞《文先生傳》云：『小楷尤精絶，在山陰父子間。』

㉒ 宋克。

㉓ 姚綬。

㉔ 許初、陳淳。

㉕ 沈度、姜立綱。

㉖ 《萬姓統譜》云：『立綱初學黄蔡，繼法鍾王，後自成一家。』

規矩①

天圓地方，群類象形，聖人作則，制爲規矩。故曰規矩。方圓之至，範圍不過，曲成不遺者也。大學之旨，先務修齊正平；皇極之疇，首戒偏側反陂。且帝王之典謨訓誥，聖賢之性道文章，皆托書傳，垂教萬載，所以明彝倫而淑人心也，豈有放僻邪侈，而可以昭蕩平正直之道者乎？古今論書，獨推兩晉，然晉人風氣，疏宕不羈。右軍多優，體裁獨妙。書不入晉，固非上流；法不宗王，詎稱逸品。六代以歷初唐，蕭、羊②以逮智永，尚知趨向，一體成家。奈自懷素，降及大年③，變亂古雅之度，競爲詭厲之形。暨夫元章，以豪逞卓犖之才，作好鼓努驚奔之筆，『努』《美術》作『弩』。且曰：大年之書，愛其偏側之勢，出於二王之外。是謂子貢賢於仲尼，丘陵高於日月也。豈有舍仲尼而可以言正道，異逸少而可以爲法書者哉！奈何今之學書者，每薄智永、子昂似僧手，誚真卿、公權如將容，夫顔、柳過於嚴厚，永、趙少夫奇勁，雖非書學之大成，固自書宗之正脉也。且穹壤之間，莫不有規矩；人心之良，皆好乎中和。宮室，材木之相稱也；烹炙，滋味之相調也；笙簫，音律之相協也，人皆悦之。使其大小之不稱，酸辛之不調，宮商之不協，誰復取之哉！試以人之形體論之。美丈夫貴有端厚之威儀，高逸之辭氣；『辭』《集成》誤作『亂』。美女子尚有貞静之德性，秀麗之容顔。豈有頭目手足粗邪癩瘇，而可以稱美好者乎④？形象器用，無庸言矣，至於鳥之窠，蜂之窩，蛛之網，莫不圓整而精密也，可以書法之大道，而禽蟲之不若乎⑤？此乃物情，猶有知識也，若夫花卉之清豔，蕊瓣之疏叢，莫不圓整而修對焉。使其半而舒，半而欒也，皆瘠蟲之病，豈其本來之質哉⑥！獨怪偏側出王之語，肇自元章一時之論，致使淺近之輩，爭賞豪末之奇，不探中和之源，徒規誕怒之病。殆哉書脉，危幾一縷矣！况元章之筆，妙在轉折結構之間，略不思齊鑒仿，徒擬放縱剽勇之夫，（忘）〔妄〕誇具得神奇，所謂舍其長而攻其短，無其善而有其病也，與東施之效顰，復奚間哉！

附評⑦

圓爲規以象天，方爲矩以象地，方圓互用，猶陰陽互藏。所以用筆貴圓，字形貴方，既曰規矩，又曰之至，是圓乃神圓，『神圓』《集成》誤作『圓神』。不可滯也，方乃通方，不可執也。此由自悟，豈能使知哉！晉魏以前，篆書稍長，隸則少（匾）〔扁〕。鍾、王真行，會合中和。迨及信本，以方增長。降及旭、素，既方更圓⑧，或斜復直。有『如』『何』本兩字，促之若一字，『腰』『昇』本一字，縱之若二字者。然旭、素飛草，用之無害，但世見草書若爾。予嘗見其郎官等帖，則又端莊整飭，儼然唐氣也。後世庸陋無稽之徒，妄作大小不齊之勢，或以一字而包絡數字，或以一旁而攢簇數形，强合鈎連，相排相紐，點畫混沌，突縮突伸，如楊秘圖（圖）、楊珂字汝鳴。張汝弼、馬一龍之流，且自美其名曰梅花體。正如瞽目丐人，爛手折足，繩穿老幼，惡狀醜態，齊唱俚詞，游行村市也。夫梅花有盛開，〔有〕半開，有未開，故爾參差不等。若開放已足，豈復有大小混雜者乎！且花之向上倒下，朝東面西，猶書有仰伏俯壓、『伏』《集成》誤作『妝』。左顧右盼也。如其一枝過大，一枝過小，多而六瓣，少而四瓣，又焉得謂之梅花耶！

形之相列也，不雜不糅；瓣之五出也，不少不多。由梅觀之，可以知書矣。彼有不察而漫學者，寧非海上之逐臭哉！

①明人慣作侈言高論，而短於析微察異，德純亦不能免。

②蕭子雲、羊欣。

③趙令穰。

④朱子云：『書學莫盛於唐，然人各以其所長自見，而漢魏之楷法遂廢。入本朝來，名勝相傳，亦不過以唐人爲法。至於黃、米而欹傾側媚，狂怪怒張之勢極矣。』祝枝山《山谷書李詩跋》云：『今之師素者，率鹵莽求諸其外，動至狂惡。』

⑤朱子云：『今本朝如蔡忠惠以前，皆有典則。及至米、黃諸人出來，便不肯恁地。要之，這便是世態衰下，其爲人亦然。』又云：『黃魯直自謂人所莫及，自今觀之亦是有好處，但自家既是寫的如此好，何不教他方正？須要得恁欹斜則甚！又他也非不知端楷爲是，但自要恁地放縱！』

⑥沈存中《夢溪筆談》云：『世之論書者多自謂書不必用法，各自成一家。此語得其一偏。譬如西施、毛嬙，容貌雖不同，而皆爲麗人；然手須是手，足須是足，此不可移者。作字亦然，雖形氣不同，掠須是掠，磔須是磔，千變萬化，此不可移也。若掠不成掠，磔不成磔，縱西施、毛嬙，而手足乖戾，終不爲完人。楊朱、墨翟，賢辯過人，而卒不入聖城。盡得師法，律度備全，猶是奴書，然須自此入；過此一路，乃涉妙境，能無迹可窺，然後入神。』

⑦尹默曰：附評切中時弊，然不可一概而論，蓋羲、獻、歐、顔、蘇、趙之下，世世相傳之書統，無此種形態，故德純甚惡之。《韓非》云：『萬物莫不有規矩。』誠哉是矣。然由科斗，以至大小篆，復更以隸、以章草、以行、以楷，莫不有規矩，亦莫不在規矩之外。東坡云：『日以變革，貴於速成，而從其易。』『有常有變，利便適用，規矩之大者。』苟非如此，天下萬世之萬萬人，皆模擬逸少，一味秀美。

烏可謂之書法？有明以還，書學喧豗，有失亦復有得，有退亦復有進。其得其進，雖逸少、蘇、米亦不曾夢見。其失其退，恰因泥古過甚。前《古今篇》云：『夫夏彝商鼎，已非汙尊抔飲之風，上棟下宇，亦異巢居穴處之俗。生乎三代之世，不爲三皇之民，矧夫生今之時，奚必反古之道。』《書》云：『非知之艱，行之惟艱。』況未能真知者耶！

⑧《宣和書譜》云：『歐陽詢書，世皆知其體方而不知其筆圓。』

常變[①]

宣尼疾固，規矩諸説，無乃固乎？古人有缺波折刀之形，畫沙印泥之勢，無乃越於規矩之外哉？夫字猶用兵，同在制勝。兵無常陣，字無定形，臨陣決機，將書審勢，權謀妙算，『妙』《集成》作『廟』字，亦可，然意思有別。務在萬全。然陣勢雖變，行伍不可亂也；字形雖變，體格不可逾也[②]。譬如青天白雲，和風清露，朗星皓月，寒雪暑雷，此造化之生機，其常也。迅霆激電，霪雨颶風，夏雹冬雷，揚沙霾霧，此陰陽之殺機，其變也。凡此之類，勢不終朝，四時皆然，晦冥無晝矣。所以脱巾跣足，大笑狂歌，園林丘壑，知己相逢，飲酒玩花，或可乃爾。如君親侍從之前，大賓臨祭之日，豈容狂放恣肆若此乎？是故宫殿廟堂，典章紀載，真爲首尚；表牘亭館，移文題勒，行乃居先。借使奏狀碑署，潦草顛狂，褻悖何甚哉！信知真、行爲書體之常，草法乃一時之變，趙壹[③]非之，豈無謂哉。所謂草體，『謂』《集成》作『云』。有別法焉。撥鐙提捺，真、行相通；留放鈎環，形態迥異。旋轉圓暢，屈折便險；點綴精彩，挑豎枯勁。波趯耿决，飛度飄揚；流注盤紆，駐引窈繞。頓之以沉鬱，奮之以奔馳，奕之以翩躚，激之以峭拔。或如篆籀，或如古隸，或如急就，或如飛白。又若衆獸駭首而還跱，群鳥舉翅而欲翔，猿猴騰掛乎叢林，蛟龍蟠蜿於山澤。隨情而綽其態，審勢而揚其威。每筆皆成其形，兩字各異其體[④]。草書之妙，畢於斯矣。至於行草，則復兼之，衄挫行藏，緩急措置，損益於真、草之間[⑤]，會通於意態之際，奚慮不臻其妙哉！

①《繫辭》云：『動静有常。』又云：『易窮則變，變則通，通則久。』《易解》云：『自有而無謂之變，自無而有謂之化。』《詩》云：『悠悠蒼天，易其有常。』《荀子》云：『天行有常，不爲堯存，不爲桀亡。應之以治則吉，應之以亂則凶。』《文中子·述史篇》云：『非君子不可以語變。』

②尹默曰：此段全從盛熙明《法書考》卷二《揮運》變來，書法字體之應用欲得其宜，要在得其所。宫殿、廟堂、典章、紀載、表牘、亭贈、移文、題勒是常也，不可亂也，不可稍逾也。然若要爲家居親朋往還，仍是『步亦步，趨亦趨』，雖孔聖亦必以翼翼矜矜爲苦矣！

③『趙壹』字元叔，東漢時人，撰《非草書》。

④唐釋亞棲云：『凡書通即變，王變白雲體，歐變右軍體，柳變歐陽體，永禪師、褚遂良、顔真卿、李邕、虞世南等，並得書中法，後皆自變其體，以傳於世，俱得垂名。若執法不變，縱能入石三分，亦被號爲書奴，終非自立之地。』

⑤尹默曰：損益之損字極妙。《道德經》云：『爲學日益，爲道日損，損之又損，以至無爲。』蓋爲損難，故前人又云：『損之又損，天下歸仁。』古之善真書者甚衆兼善行草者蓋寡，損不得法之故也。

正奇

書法要旨，有正與奇。所謂正者，偃仰頓挫，揭按照應，筋骨威儀，確有節制是也。所謂奇者，參差起復，騰凌射空，風情姿態，巧妙多端是也。奇即連於正之内，正即列於奇之中。正而無奇，雖莊嚴沉實，恒樸厚而少文；奇而弗正，雖雄爽飛妍，多譎厲而乏雅[①]。奈夫賞鑒之家，每指毫端努奮之巧，『努』《美術》作『弩』。不悟規矩法度之逾；臨池之士，每炫技於形勢猛誕之微，不求工於性情骨氣之妙，是猶輕道德而重功利，『是猶』《美術》作『不猶』。退忠直而進奸雄也！好奇之説，伊誰始哉！伯英急就，元常楷迹，去古未遠，猶有分隸餘風。逸少一出，揖讓禮樂[②]，『禮』《集成》作『體』。森嚴有法，神采攸焕，正奇混成也。子敬始和父韵，後宗伯英，風神散逸，爽朗多姿。梁武稱其絶妙超群，譽之浮實；唐文[3]目以拘攣餓隸[4]，貶之太深。孫過庭曰『子敬以下，鼓努爲力，『努』《集成》作『弩』。標置成體，工用不侔，神情懸隔』，斯論得之。書至子敬，尚奇之門開矣[5]。嗣後智永專範右軍，精熟無奇，『精熟』《集成》誤作『倩熟』。此學其正而不變者也。羊欣思齊大令，舉止依樣，此學其奇而不變者也。迨夫世南傳之智永，内含剛柔，立意沉粹，及其行草，遒媚不凡，然其筋力稍覺寬骳矣。李邕初師逸少，擺脱舊習，筆力更新，下手挺聳，終失窘迫，律以大成，殊越彀率。此行真之初變也。歐陽信本亦擬右軍，易方爲長，險勁瘦硬，崛起削成，若觀行草，復太猛峭矣。褚氏登善始依世南，晚追逸少，遒勁温婉，豐美富豔，第乏天然，過於雕刻[6]。此真行之再變也。考諸永淳以前，規模大都清雅，曁夫開元以後，氣習漸務威嚴。顔清臣蠶頭燕尾，閎偉雄深，然沉重不清暢矣[7]。柳誠懸骨鯁氣剛，耿介特立，然嚴厲不温和矣。此真書之三變也。張氏從申，源出子敬，筆氣絶似北海，抑揚低昂，則甚雕琢也。釋氏懷素，流從伯英，援毫大似驚蜿，圓轉牽掣，則甚詭禿矣。此草行之三變也。書變若爾，豈徒文兵云哉。大抵不變者，情拘於守正；『守』《集成》誤作『手』。好變者，意刻於探奇。正奇既分爲二，書法自醇入漓矣。然質樸端重以爲正，剽急駭動以爲奇，非正奇之妙用也。世之厭常以喜新者，每舍正而慕奇。豈知奇不必求，久之自至者哉！假使雅好之士，留神翰墨，窮搜博究，月習歲勤，分布條理，諳練於胸襟。運用抑揚，精熟於心手[8]，自然意先筆後，妙逸忘情，墨灑神凝，從容中道。此乃天然之巧，自得之能，猶夫西子、毛嫱，天姿國色，不施粉黛，輝光動人矣。何求奇於意外之筆，後垂超世之聲哉。

① 陳白沙《書説》云：『余書每於動上求静，放而不放，留而不留，此吾所以妙乎動也。得志弗驚，厄而不憂，此吾所以保乎静也。法而不囿，静而不流，拙而愈巧，剛而能柔，形立而勢奔焉，意足而奇溢焉。『以正吾心，以陶吾情，以調吾性，此吾所以游於藝也。』

② 張懷瓘云：『揖讓禮樂，獻不及羲。風神散逸，羲不及獻。』

③ 太宗謚文。

④ 語見《晉書·王獻之傳》。

⑤ 羊欣《采古來能書人名》云：『子敬骨勢不及父而媚趣過之。』張懷瓘《書議》云：『子敬才高識遠，行草之外更開一門。』米芾《書史》云：『子敬天真超逸，豈右軍可比也。』

⑥ 尹默曰：德純評書多似是而實不然，惟評褚書甚確，的有卓見，雕字尤見切，自古至今多刻意之作，亦多刻意之筆，或因用力太過，或因思慮過分有以致之也。陸德明所謂刻意冷峻是矣。《文心雕龍》則云『雲霞雕色有逾畫工之妙』，鄭玄注《禮記》王逸注《楚辭》皆曰『雕者，畫也』。褚書點畫亦雕，結體亦雕，拔出群萃，無關鍾、王，虞、歐、顔、柳、蘇、米亦不復見，蓋吾國書法史中最特異之書也。『道勁溫婉，豐美富豔』云云，俗子淺見耳。

⑦ 米芾《海岳名言》云：『顔真卿每使家僮刻字，故會主人意，修改波輒，致大失真，真跡皆無蠶頭燕尾之筆。』

⑧ 歐陽修試筆云：『作字要熟，熟則神氣充足而有餘。』

中和

書有性情，即筋力之屬也；言乎形質，即標格之類也。真以方正爲體，圓奇爲用；草以圓奇爲體，方正爲用。真則端楷爲本，作者不易速工；草則簡縱居多，見者亦難便曉。不真不草，行書出焉。似真而兼乎於草者，行真也；似草而兼乎真者，行草也。圓而且方，方而復圓，正能含奇，奇不失正，會於中和，斯爲美善。中也者，無過不及是也；和也者，無乖無戾是也。然中固不可以廢和，和亦不可以離中，如禮節樂和，本然之體也。禮過於節則嚴矣，樂純乎和則淫矣。所以禮尚從容而不迫，樂戒奪倫而皦如。中和一致，位育可期，况夫翰墨者哉！方圓互成，正奇相濟，偏有所着，即非中和。使楷與行真而偏，不拘鈍即棱峭矣；行草與草而偏，不寒俗即放誕矣。不知正奇參用，斯可與權，權之謂者，稱物平施，即中和也。唐之諸賢，雖各成家，然有一手而獨擅一二長者，有多能而反拙一二體者。臨學之士，貴擇善而從焉。陸柬之得法於世南，晚擅出藍之譽。予嘗見其所書蘭亭詩，無一筆不出右軍，第少飄逸和暢之妙爾。張伯高世目爲顛，然其見擔夫争道，聞鼓吹、觀舞劍而知筆意，固非常人也。其真書絶有繩墨，草字奇幻百出，不逾規矩，乃伯英之亞，懷素豈能及哉！米芾乃誚其變亂古法，驚諸凡夫，何其苛責於人而昏於自反耶！顔清臣雖以真楷知名，實過厚重。若其行真如《鹿脯帖》，行草如《争坐》《祭侄》帖，又舒和遒勁，豐麗超動，上擬逸少，下追伯施，固出歐、李輩也。獨其自叙一帖粗魯詭異，且過鬱濁，酷非平日意態。米芾乃獨仿之，亦好奇之病爾。唐書雖有三變，虞、褚之真與行草，陸、李之行真，魯公之行草，率更之真書，長史之飛草，所謂出類拔萃，固非隨波逐流者也[①]。懷素《聖母》《藏真》亦多合作，大字《千文》則穠肆矣，小字《千文》太平淡矣。世傳《自叙帖》，殊過枯誕，不足法也。主善以爲師，寧非步王之階梯哉！

① 梁武帝《答陶隱居論書》云：『夫運筆邪則無芒角，執筆寬則書緩弱，點掣短則法臃腫，畫促則字勢横，畫疏則字形慢。拘則乏勢，放則少則，純骨無媚，純肉無力，少墨浮澀，多墨筆鈍，比並皆然。任意所之，自然之理也。若仰揚得所趣舍無違；隨筆廉斷，觸勢峰鬱，揚波折節，中規合矩；分間下注，濃纖有方，肥瘦相合，骨力相稱，婉婉曖曖，視之不足，棱棱凛凛，常有生氣，適眼合心，便爲甲科。』

老少[①]

書有老少，區别淺深[②]。勢雖異形，理則同體。所謂老者，結構精密，體裁高古，岩岫聳峰，旌旗列陣是也。所謂少者，氣體充和，標格雅秀，百般滋味，千種風流是也。老而不少，雖古拙峻偉，而鮮豐茂秀麗之容。少而不老，雖婉暢纖妍，而乏沉重典實之意。二者混爲一致，相待而成者也。試以人品喻之，謀猷諳練，學識宏深，必稱黄髮之彦；詞氣清亮，舉動利便，恒數俊髦之英。老乃書之筋力，少則書之姿顏。筋力尚强健，姿顏貴美悦，會之則並善，折之則兩乖，融而通焉，書其幾矣。玄鑒之士，求老於典則之間，探少於神情之内。若其規模宏遠，意思窈窕，抑揚旋折，恬曠雍容，無老無少，難乎名狀，如天仙玉女，不能辨其春秋，『辨』《集成》誤作『辯』。此乘之上也。初觀雖少，細觀實老，豐采秀潤，結束巍峨，引拂輕颺，氣度凛毅，世所謂少年老成，乘之次也。鱗羽參差，巒峰掩映，提撥飛健，縈紆委婉，衆體異勢，各字成形，乃如一堂之中，老少群聚，則又次焉。筋力雄壯，骨氣峻潔，劍拔弩張，熊蹲虎踞，只見其老，不見其少，有若師儒壽耇，正色難犯，又其次焉。燦爛似錦，豔麗如花，初視彩焕，詳觀散怯，正如平時誇伐，自稱弘濟，一遇艱大，節義遂虧，抑又其次矣。夫任筆成形，聚墨爲勢，漫作偏欹之相，妄呈險放之姿，疏縱無歸，輕浮鮮著，風斯下矣[3]，何復齒哉。

① 尹默曰：此篇最不可解。

② 後主《書述》云：『壯歲書亦壯』，『老來書亦老』，『壯老不同，功用則異，唯所能者可與言。』米芾《書史》云：『右軍暮年書老而逸。』

③ 尹默曰：近世書法病在兹。

神化

書之爲言[1]，散也，舒也，意也，如也。欲書必舒散懷抱，至於如意所願，『願』《集成》誤作『顧』字。斯可稱神。書不變化，匪足語神也。所謂神化者，豈復有外於規矩哉。規矩入巧，乃名神化。固不滯不執，有圓通之妙焉。况大造之玄功，宣洩於文字，神化也者，即天機自發、氣韵生動之謂也。日月星辰之經緯，寒暑晝夜之代遷，風雲雷雨之聚散，『風雲雷雨』《美術》作『風雷雲雨』，舊俗：城南置風雲雷雨山川壇，各有方位，不得相紊也。山岳河海之流峙，非天地之變化乎？高士之振衣長嘯、揮〔麈〕〔塵〕談玄，佳人之臨鏡拂花、舞袖流盼，如豔卉之迎風泫露，似好鳥之調舌搜翎，千態萬狀，愈出愈奇；更若煙霏林影，『霏』《美術》作『霧』，以作『霏』爲是。有相難著，潛鱗翔翼，無迹可尋，此萬物之變化也。人之於書，形質法度，端厚平和，參互錯綜，玲瓏飛逸，誠能如是，可以語神矣②。世之論神化者，徒指體勢之異常，毫端之奮筆，同聲而贊賞之，所識何淺陋者哉！約本其由，深探其旨，不過曰相時而動、從心所欲云爾。『曰』《集成》誤作『日』。書家所忌者，便在此等細微處。宣尼、逸少，道統、書源，匪不相通也。『匪不相通也』，《集成》作『匪由患邪也』。《美術》較優。鄉黨之恂恂，在朝之侃侃，執圭之踧踧，『侃侃』《美術》作『祝祝』，『蹴蹴』《集成》作『踧踧』。私覿之怡怡，於魯而章甫，適宋而逢掖。至夫漢方朔贊，意涉瑰奇，燕樂毅論，『論』《集成》誤作『諭』。情多抑鬱，脩禊集叙，興逸神怡，私門誓文，情拘氣塞。此皆相時而動，根乎陰陽舒慘之機；從心所欲，溢然關雎哀樂之意。非夫心手交暢，焉能美善兼通若是哉！相時而動，或知其情；從心所欲，鮮悟其理。蓋欲正而不欲邪，欲熟而不欲生，人之恒心也。規矩未能精諳，『未』《集成》作『不』。心手尚在矜疑，將至師而氣不充，意先而筆不到矣。此皆不能從心之所欲也。『從心』《美術》下衍『欲』字。至於欲既從心，豈復矩有少逾者耶。宣尼既云從心欲，復云不逾者，恐越於中道之外爾。譬如投壺引射，豈不欲中哉。手不從心，發而不中矣。然不動則不變，能變即能化，苟非至誠，焉有能動者乎？澄心定志，博習專研，字之全形，宛爾在目，筆之妙用，悠焉忘思，自然腕能從臂，指能從心，瀟灑神飛，徘徊翰逸，如庖丁之解牛，掌上之弄丸。執筆者自難揣摩，撫卷者豈能測量哉。中庸之爲物不貳，生物不測。孟子曰：深造自得，左右逢源。生之逢也，皆由不貳，深造得之。是知書之欲變化也，至誠其志，不息其功，將形著明動，一以貫萬，變而化焉，聖且神矣。噫！此由心悟，不可言傳。字者，孳也；書者，心也③。字雖有象，妙出無爲；心雖無形，用從有主。初學條理，必有所事，因象而求意，終及通會。行所無事，得意而忘象。故曰由象識心，狥象喪心④，『狥』通『徇』，《集成》誤作『拘』。象不可著，心不可離。未書之前，定志以帥其氣；將書之際，養氣以充其志。勿忘勿助，由勉入安，斯於書也無間然矣。夫雨粟鬼哭，感格神明，徵往俟來，有爲若是。法書仙手，致中極和，可以發天地之玄微，宣道義之藴奥，繼往聖之絶學，開後覺之良心，功將禮樂同休，名與日月並曜⑤。豈惟明窗净几，神怡務閑，筆硯精良⑥，人生清福而已哉？

①《説文》云：『書，著也。』蔡邕《筆論》云：『書者，散也。欲書先散懷抱，任情恣性，然後書之。』張懷瓘《書斷》云：『書者，如也，舒也，著也，記也。』

②王僧虔《筆意贊》：『書之妙道，神采爲上，形質次之。』

③《法書考》云：『書者，心之迹也，故有諸中而形諸外，得於心而應於手，然揮運之妙，必由神悟，而操執之要，尤爲先務。』

④張子《百蒙》云：『由象識心，徇象喪心，知象者心，存象之心，亦象而已，謂之心可乎？』

⑤李斯《用筆法》云：『書之微妙，道舍自然。』《法書考》引《天臺紫真》云：『夫書必達乎道，同混一之理，似七寶之貴，心垂萬古之名。』

⑥歐陽文忠公《試筆》引蘇子美云：『明窗净几，筆硯紙墨皆極精良，亦自是一生一樂。』

心相[①]

蓋聞德性根心，睟盎生色，得心應手，書亦云然。[②]人品既殊，性情各異，筆勢所運，邪正自形。書之心，主張布算，想像化裁，意在筆端，未形之相也。書之象，旋折進退，威儀神彩，筆隨意發，既形之心也。試以人品喻之。宰輔則貴有愛君容賢之心，正直忠厚之相。將帥則貴有盡忠立節之心，智勇萬全之相。諫議則貴有正道格君之心，謇諤不阿之相。隱士則貴有樂善無悶之（相）〔心〕，遺世仙舉之相。由此例推，儒行也，才子也，佳人也，僧道也，莫不有本來之心、合宜之相者。所謂有諸中必形諸外，觀其相，可識其心。柳公權曰：『心正則筆正。』[③]余今曰：『人正則書正。』[④]心爲人之帥，心正則人正矣；筆爲書之充，筆正則書正矣。人由心正，書由筆正，即《詩》云『思無邪』，《禮》云『毋不敬』，『毋』《集成》作『無』，不誤。書法大旨，一語括之矣。嘗見古迹，『見』《集成》誤作

『鑒』。聊指前人，世不俱聞，略焉弗舉。如桓温之豪悍，王敦之揚厲，安石之躁率，跋扈剛愎之情，自露於毫楮間也。他如李邕之挺竦，蘇軾之肥欹，米芾之努肆，亦非純粹貞良之士，不過嘯（傚）〔傲〕風騷之流爾。至於褚遂良之遒勁，顔真卿之端厚，⑤柳公權之莊嚴，雖於書法少容夷俊逸之妙，要皆忠義直亮之人也。⑥若夫趙孟頫之書，温潤閑雅，似接右軍正脉之傳，⑦妍媚纖柔，殊乏大節不奪之氣，所以天水之裔，甘心仇胡之禄也。『胡』《美術》作『敵』，《集成》作『胡』，原本應以『胡』爲是。故欲正其書者，先正其筆；欲正其筆者，先正其心。⑧若所謂誠意者，即以此心端己澄神，勿虚勿貳也。致知者，即以此心審其得失，明乎取舍也。格物者，即以此心博習精察，不自專用也。正心之外，豈更有説哉！由此篤行，至於深造自然，秉筆思生，臨池志逸，新中更新，妙之益妙，非惟不奇而自奇，抑亦己正而物正矣。夫經卦皆心畫也，書法乃傳心也，如罪斯言爲迂，予固甘焉勿避矣。⑨

① 尹默曰：小者祇知其小，大者能識其大。今之世也，盛行實用主義，書法墮而爲術、爲技矣！

② 《孟子》：『君子所性，仁義（利）〔禮〕智根於心，其生色也睟然，見於面，盎於背，施於四體，四體不言而喻。』

③ 《資治通鑒》：『上問公權：「卿書何能如是之善？」對曰：「用筆在心，心正則筆正。」上默然改容，知其以筆諫也。』東坡《書唐氏六家書後》：『柳少師書本出於顔，而能自出新意，一字百金，非虚語也。其言心正則筆正者，非獨諷諫，理固然也。世之小人，書字雖工然其神情終有睢盱側媚之態。不知人情隨想而見，如韓非子所謂竊斧者乎，抑真爾也。然使人見其書而猶憎之，則其人可知矣。』

④ 《續書譜》云：『筆者心也，墨者手也，書者意也。』

⑤ 歐陽修云：『古之人皆能書，獨其人之賢者傳遂遠。』又云：『使顔公書雖不佳，後世見之必寶也。』

⑥ 蘇東坡云：『古之論書者，兼論其平生，苟非其人，雖工不貴也。』黄庭堅云：『學書須胸中有道義。』朱子云：『近見蔡君謨一帖，字字有法度，如端人正士，方是字。』

⑦ 趙孟頫《蘭亭十三跋》云：『右軍人品甚高故書入神品。』

⑧ 尹默曰：書家須正其筆，亦須正其心，此論固不誤也。然子昂之大節果然有虧耶！史家雖同聲唾斥，尹默却别有見焉。子昂之書端莊正大，祇見温潤雅者未可與言書也。子昂之書雍雍穆穆，祇見其妍媚纖柔者亦未可與言書也。吾國書法至子昂始可謂堂皇深曠，凡夫鈍眼縱使神仙在前，又安能識而教之哉！

⑨ 尹默曰：不迂則放縱無度矣，學如是，書如是，人如是，經濟政事莫不如是。書之大道於斯存焉！

取舍①

蘇、米之迹，世争臨摹，予獨哂爲效颦者，豈妄言無謂哉！蘇之點畫雄勁，米之氣勢超動，是其長也。蘇之濃聳棱側，米之猛放驕淫，是其短也。皆緣天資雖勝，學力乃疏，手不從心②，藉此掩醜。譬夫優伶在場，歌喉不接，假彼鑼鼓，亂兹音聲耳。夫颦一也，西子以颦而加妍，東施效之而增醜，何哉？西子明眸皓齒，光彩射人，閨情幽怨，痛心攢眉，凄悽楚楚，可憫可憐，是知颦乃其病，非其常也。使其館娃宫中，姑蘇臺上，慪慪悶悶，蹙鎖蛾眉，夫差豈復見寵也。『耶』《美術》作『也』。東施本無麗質，妄自學其愁眉，反見陋媸，殊可憎惡。臨擬之士，取長舍短，豈非善學者哉？抑自周秦以後，逸少之前，專尚篆隸，罕見真行。『臨擬』以下二十字據《集成》補。簡樸端厚，不皆文質兩彬；缺勒殘碑，無復完神可仿③。逸少一出，會通古今，書法集成，模楷大定。自是而下，優劣互差④。試舉顯名今世、遺迹僅存者，拔其美善，指其瑕疵，庶取舍既明，則趨向可定矣。智永、世南，得其寬和之量，而少俊邁之奇。歐陽詢得其秀勁之骨，而乏温潤之容。褚遂良得其鬱壯之筋，而鮮安閑之度。李邕得其豪挺之氣，而失之竦窘。顔、柳得其莊毅之操，而失之魯獷。旭、素得其超逸之興，而失之驚怪。陸、徐得其恭儉之體，『儉』《集成》作『險』，蓋『儉』通『險』，皆不誤。而失頹拘。過庭得其逍遥之趣，而失之儉散。蔡襄得其密厚之貌，庭堅得其提衄之法，孟頫得其温雅之態。『趙孟頫』《美術》衍『趙』字。然蔡過乎撫重，『撫』《集成》誤作『嫵』。趙專乎妍媚，魯直雖知執筆，而伸脚掛手，體格掃地矣。蘇軾獨宗顔、李，米芾復兼褚、張。蘇似肥豔美婢，擡作夫人，舉止邪陋而大足，當令掩口[5]。米若風流公子，染患癱疣，馳馬試劍而叫笑，旁若無人[6]。數君之外，無暇詳論也。擇長而師之，所短而改之，在臨池之士玄鑒之精爾。

附評

陸友仁《研北雜誌》云：蔡君謨摹仿右軍諸帖，形模骨肉，纖悉俱備，『俱』《集成》作『具』，二字相通。莫敢逾軼。至米元章始變其法，超規越矩，雖有生氣而筆法悉絶矣。予謂君謨之書，宋代巨擘，蘇、黄與米，資近大家，學入傍流，非君謨可同語也。朱晦翁亦謂字被蘇、黄寫壞，並筆法悉絶之言，兩語皆刻矣[7]。數公亦有筆法，不盡寫壞，體格多有逾越，蓋其學力未能入室之故也。數君之中，惟元章更易起眼，且易下筆，每一經目，便思仿模。初學之士，切不可看[8]。趨向不正，取舍不明，徒擬其所病，不得其所能也。米書之源，出自顔、褚。如要學米，先柳入歐，由歐趨虞，自虞入褚。『由歐』等八字《集成》省作『由歐趨虞褚』。學至於是，自可窺大家之門，元章亦拜下風矣[9]。如前賢真迹，未易得見，擇其善帖，精專臨仿，十年之後，方以元章參看，庶知其短而取其長矣。若逸少聖教序記，非有二十年精進之功不能知其妙，亦不能下一筆，宜乎學者寥寥也。此可與知者道之。

①後主《書述》云：『善法書者，各得右軍一體。若虞世南得其美韵而失其俊邁，歐陽詢得其力而失其温秀，褚遂良得其意而失其變化，薛稷得其清而失其窘拘，顔真卿得其筋而失之粗魯，柳公權得其骨而失於生獷，徐浩得其肉而失之俗，李邕得其氣而失於體格，張旭得其法而失之狂，獨獻之俱得之，而失之驚急，無蘊藉態度。』

②尹默曰：東坡之學力、元章之勤勉，上下千百年間，能與之相抗者不過數人而已。德純蔑之曰『學力乃疏，手不從心』，誣且褻矣，所謂欲加之罪其無辭乎。東坡《和子由論書詩》云：『吾雖不善書，曉書莫如我。苟能通其意，常謂不學可。』蘇過《書先公字後》云：『吾先君子，豈以書自名哉。特以其至大至

剛之氣，發於胸中而應之於手，故不見其刻畫嫵媚之工，而端章甫若有不可犯之色。知此，然後可以知其書。』因知東坡之學與不學皆非常人所能及。德純學力未到，格局偏狹，妄著題評，坐井之論也矣。

③ 尹默曰：碑學家必不以此言爲是。

④ 羊欣云：古今莫二。

⑤ 袁昂《古今書評》云：『羊欣書如大家婢作夫人。雖處其位，而舉止羞澀，終不似真。』梁武帝《古今書人優劣評》云：『羊欣書如大家婢女爲夫人，雖處其位，而舉止羞澀，終不似真。』

⑥ 宋高宗《翰墨志》云：『世傳米芾有潔疾。』德純偏以癱疣相調笑，虐之甚矣！

⑦ 語出《朱子語類》卷第一百四十。

⑧ 祝枝山《米書天馬賦》跋云：『爲襄陽之學者大抵步入狂狠。』

⑨ 尹默曰：德純何其不畏繁難也，學米若要費這般周折，則米書廢絶久矣。

功序[①]

臨池賞鑒，代不虛人，評論體勢，[②]悉非真諦。擬形於雲雨，『雲雨』《集成》作『雲石』，似應作『雲雨』。譬象於龍蛇，外狀其浮華，内迷其實理。至若無知率易之輩，妄認功無百日之談。豈知王道本無近功，成書亦非歲月哉！初學之士，先立大體，横直安置，對待布白，務求其均齊方正矣。[③]然後定其筋骨，向背往還，開合連絡，務求雄健貫通也。[④]次又尊其威儀，疾徐進退，俯仰屈伸，務求端莊温雅也。然後審其神情，戰蹙單疊，回帶翻藏，機軸圓融，風度瀟落，或字餘而勢盡，[⑤]或筆斷而意連，平順而凜鋒芒，健勁而融圭角，引伸而觸類，書之能事畢矣。然計其始終，非四十載不能成也。[⑥]所以逸少之書，五十有二而稱妙；宣尼之學，六十之後而從心。[⑦]古今以來，莫非晚進，獨子敬天資既縱，家範有方，入門不必旁求，風氣直當專尚，『直當』《集成》作『且當』。年幾不惑，便著高聲。子敬之外，豈復多見耶。第世之學者，不得其門，從何進手，必先臨摹，方有定趨。始也專宗一家，次則博研衆體，融天機於自得，會群妙於一心。斯於書也，集大成矣。第昔賢遺範，優劣紛紜，仿之貴似，審之尚精。仿之不似，來續尾之譏；審之弗精，啓叩頭之誚。舍其所短，取其所長，始自平整而追秀拔，終自險絶而歸中和。心與筆俱專，月繼年不厭。譬之撫弦在琴，妙音隨指而發；省括在弩，逸矢應鵠而飛。意在筆前，翰從毫轉。後聖再起，吾言弗更矣。若分布少明，即思縱巧，運用不熟，便欲標奇，是未學走而先學趨也。書何容易哉⑧。

附評

學書次第，前言已概，拘局之士，未免懼疑，姑以淺言，俟彼易曉。大率書有三戒：初學分布，戒不均與欹；繼知規矩，戒不活與滯；終能純熟，戒狂怪與俗。若不均且欹，如耳目口鼻，窄闊長促，『窄闊』《集成》誤作『間闊』。邪立偏坐，不端正矣。不活與滯，如土塑木雕，不説不笑，板定固窒，無生氣矣。狂怪與俗，如醉酒巫風，丐兒村漢，胡行亂語，顛扑醜陋矣。『扑』《集成》誤作『仆』。又書有三要：第一要清整，清則點畫不混雜，整則形體不偏邪；第二要温潤，温則性情不驕怒，潤則折挫不枯澀；第三要閑雅，閑則運用不矜持，雅則起伏不恣肆。以斯數語，慎思篤行，未必能超入上乘，定可爲卓焉名家矣。若前所列規矩、正奇、老少、神化諸篇，陰陽、向背、緩急、抑揚等筆法，蓋有彼具而此略，所當參用以相通者也。

① 此篇全從右軍《書論》來。

② 《法書考》卷五：『點畫既工而後能結體。』

③ 右軍云：『夫欲書先凝神静想字形大小、偃仰平直、振動，令筋骨相連，意在筆前，然後作字。』

④ 張懷瓘《文字論》：『以筋骨立形，以神情潤色。』

⑤ 尹默曰：『字餘而勢盡』，各本皆如此，愚意或當作『字盡而勢餘』。

⑥ 徐浩論書云：『張伯英臨池學書，池水盡黑，永師登樓不下，四十餘年。張公精熟，號爲草聖，永師拘滯，終著能名。以此而言，非一朝一夕所能盡美。俗云「書無百日工」，蓋悠悠之談也。宜白首攻之，豈可爲百日乎。』

⑦ 虞龢《論書表》云：『二王暮年皆勝於少。』又云：『羲之書，在始未有奇殊，迨其末年，乃造其極。』陶弘景《論書啓》云：『逸少自吴興以前，諸書猶未爲稱。凡厥好迹，皆是向在會稽時，永和十許年中者。』《晉書》云：『王羲之書暮年方妙。』

⑧ 歐陽詢《八訣》云：『意在筆前，文在思後。』唐太宗《論書》云：『吾之所爲，皆先爲意。』

器用[①]

筆陣圖曰：紙者，陣也；筆者，刀矟也；墨者，鍪甲也；硯者，城池也。孫過庭云：『疑是右軍所製，尚可啓發童蒙。常俗所傳，不藉編録。』又云：『筆勢論十二章，文鄙理疏，意乖言拙，詳其旨趣，殊非右軍。』予觀其論，固難盡宗，摘其數言，不無合旨，孫子外之，斯語苛矣。第陣圖以墨擬之鍪甲，以硯譬之城池，喻失其理，恐亦非右軍也。予試論之，以俟君子。夫身者，元帥也；心者，軍師也；手者，副將也；指者，士卒也；紙者，地形也；筆者，戈戟也；墨者，糧草也；硯者，囊橐也。『紙者』以下二十字《美術》無，據《集成》補。前取舍篇《美術》亦脱二十字，蓋其原本每行二十字也。紙不光細，譬之驍將駿馬，行於荆棘泥濘之場，馳騾當先弗能也。筆不穎健，譬之志奮力壯，手持折缺朽鈍之兵，斬斫擊刺弗能也。墨不玄精，譬之養將練兵，糧草不敷，將有饑色，何以作氣？硯不硎蓄，譬之師旅方興，命在餱糧，饋餉乏絶，何以壯威？四者不可廢一，紙筆尤乃居先。俗語云：能書不擇筆。斷無是理也[②]。夫工欲善其事，必先利其器[③]。木石金玉之功，刀鋸鑪銼之屬，苟不精利，雖有雕鏤切磋之技，離婁、公輸之能，將安施其巧哉！俗有署書，以粽以帚，間或可用。若捲箬搏素，描絲露骨，以示老健之形，風神之態，至於畫塵影火，聚米注沙，頽骫無致，俗濁無藴，借令逸少家奴有靈，寧不撫掌於泉下哉[4]！

①子昂《筆道會通》云：『書貴紙筆調和，若紙筆不稱，雖能書亦不能善也，譬之快馬行泥潭中，其能善乎？』尹默曰：德純痛抵蘇、米，尤恨子昂之俗而無骨，然其論書每剽襲蘇、趙，明以來文人多有此種惡習。

②尹默曰：德純之不可與言書也，書家雖有偏愛之筆，若伯英、元常、逸少、東坡之於鼠鬚是也，然張鍾王蘇未聞非鼠鬚不能作字者，蓋有古之書家，鼠鬚、栗尾、鴨毛、胎髮、諸葛散卓、張氏無心，莫不知其短長應用，故臨陣作書，無論執何種筆，不怪不懼，能任筆揮灑、不擇筆云者，非用頽筆寫細楷、用軟毫寫滄桑之謂也，筆不合而強作字，必甚雕刻，絶鮮自然之態，與書法之道遠矣！不擇筆而能使之適於用，乃可云知書也。

③陳師道《後山談叢》云：『善書不擇紙筆，妙在心手，不在物也。古之至人，耳目更用，惟心而已。』

④以兵論書肇自蕭何，唐宗《續書譜》記蕭何。

知識[1]

嗟哉，能書者固絶真手，善鑒者甚罕真眼也。學書者不可視之爲易，不可視之爲難。易則忽而怠心生，難則畏而止心起矣。鑒書者不可求之淺，不可求之深。淺則涉略泛觀而不究其妙，深則吹毛索瘢而反過於譎矣。學書之法，考之往言，參之今論，無事再喙也。姑以鑒書之法，詔後賢焉。大要開卷之初，猶高人君子之遠來，遙而望之，標格威儀，清秀端偉，飄颻若神仙，魁梧如尊貴矣。及其入門，近而察之，氣體充和，容止雍穆，厚德若虚愚，威重如山岳矣。迨其在席，器宇恢乎有容，辭氣溢然傾聽，挫之不怒，惕之不驚，誘之不移，陵之不屈，道氣德輝，藹然服衆，令人鄙吝自消矣。又如佳人之豔麗含情，若美玉之潤彩奪目，玩之而愈可愛，見之而不忍離。此即真手真眼，意氣相投也。故論書如論相，觀書如觀人。賞鑒能事，大概在斯矣。『觀書如觀人』，《美術》下無『賞鑒能事』以下九字，蓋有可無亦可，然德純之絜聒必有之矣。人品既殊，識見亦異。有耳鑒，有目鑒，有心鑒。若遇卷初展，邪正得失，何手何代，明如親睹，不俟終閲，此謂識書之神，心鑒也。若據若賢有若帖，某卷在某處，不恤貨財而遠購焉，此盈錢之徒收藏以誇耀，耳鑒也。若開卷未玩意法，先查跋語誰賢，紙墨不辨古今，『辨』《集成》誤作『辯』。只據印章孰賞，聊指幾筆，虛口重贊，此目鑒也。耳鑒者，謂之莽兒審樂；目鑒者，謂之村嫗玩花。至於昏憒應聲之流，妄傲無稽之輩，胸中毫無實見，遇字便稱能知，家藏一二帖卷，真僞漫爾弗求，『求』《集成》作『明』，以作『求』爲佳，然下句茫焉未曉，則原本似作『明』。筆纔幾月，塗描點畫，茫焉未曉。設會通神佳迹，每嗟精妙無奇，或經邪俗僞書，反歎誤裕多致。『致』《集成》作『勝』。此謂吠日吠雪，駭閼駭龍，考索拘乎淺陋，好惡任彼偏私，先有成心，將何定見，不若村野愚氓，反有公論也。評鑒書迹，要訣何存？温而厲，威而不猛，恭而安。宣尼德性，氣質渾然，中和氣象也。執此以觀人，味此以自學，善書善鑒，『善鑒』《集成》脱『善』字。具得之矣。

① 張懷瓘《文字論》云：『深識書者，唯觀神采，不見字形，若精意玄鑒，則物無遺照，何有不通？』

校字用墨筆書眉上，所見僅《美術叢編》與《叢書集成》兩種。《集成》本誤字最多，然文字亦有優異處。區區芹獻，隨處安置，五色陸離，敝帷不棄。『尹默曰』者，草市酒旗易辨識耳，豈謂其味深醇也與？

文字改革中的創造通用書法字體問題

上海　沈尹默

流寓上海的篆刻家唐醉石先生前年移居到武昌去了，臨行前曾來與我話别，醉石先生是湖南人，然而他早年曾在湖北任過事。對於湖北的藝術歷史非常了解，我便向他請教湖北的書法，他説近代以來，衹有張裕釗[1]與楊守敬[2]兩個人是最有名的。讓我深受驚異的是醉石先生讀過我寫的張裕釗草稿跋，這個跋文是一九四〇年十一月寫的，[3]第二年方纔發表在重慶出版的《讀書通訊》上面，那時醉石先生已經從重慶輾轉去到了浙江，醉石先生説他很不滿意我在那篇跋裏面衹談筆法而不能多注意張裕釗的書法。據醉石先生説湖北歷來没有幾個人能算是真正書法家，張裕釗與楊守敬名噪一時却承繼乏人。他知道我是練過六朝碑的，原本以爲我會有丕揚張裕釗的舉動，不料衹淡淡的説了句筆致迥别，精心點畫，多所創獲，無關痛癢的很。説到『無關痛癢』四個字的時候，醉石先生立起身來俯視着我，一字一頓重複了兩次，一邊講一邊大力地揮手。

我是從舊的黑暗的半殖民地社會過來的人，身上有很多舊的落後的封建文人的壞毛病。在這些壞毛病裏面，最要不的就是藏私。以書法來説，大家都衹看到我發表過書論，並且還會對一些具體的問題進行喋喋不休的闡述。表現上看來可以説是誨人不倦，實際對於學習書法的人來説没有多大的幫助，結果是以茫然的居多。因爲大家都認爲我是能寫字的，那麽必然也精通書法的要訣與理論，所以我就寫書論。發表書論，用來證明一般社會對我的推重是不錯的。至於這些書論到底是否正確，能給有志學習書法的人多大的真實收獲，我却很少去考慮。封建文人最喜歡把文藝神秘化讓它遠離勞動人民以達到把持文藝爲剥削階級服務的目的。我以前深受這種剥削階級的思想毒害，自己有了一點書法上的心得那是必要隱藏起來，惟恐讓人學了去的，實則那一點心得也許完全的微不足道。

醉石先生的不滿意是我無法自辯的，但是我對於張裕釗先生的書法却是認真地研究過，我的書法能有一些成就其實中間是有張裕釗的啓迪之功的。我聽過章太炎先生的課，不能算是他的真弟子，但我的三弟兼士以及北大的同事魯迅、錢玄同等人都是章太炎先生的入室弟子。故此我很早就知道張裕釗的書法並且有了很深的印象。抗戰時我逃難到四川，來往得很密切的汪旭初先生也是章太炎先生的弟子。章太炎先生非常看重張裕釗的書法。都聽説過一個典故，説是早年間有一位朋友批評我的字其俗在骨，於是我就立志改正以往寫字的種種錯誤，開始臨習北碑，得到了很多的好處，纔有了後來的名聲和地位。一般都説我知恥而自新，我也很樂意得到這樣一個評價，這個典故自然不是杜撰的，我自己也多次口述過這個典故。大家所不知道的是，我的不避諱這個典故，絶不完全是因爲知恥的緣故。我的改臨北碑絶不是朋友一句話所致的。佛教徒宣揚的頓悟、棒喝，今天的唯物主義份子已然知道其欺騙性，即便是釋迦摩尼再世，他又有什麽辦法用一兩句話去讓一個懵懂無知的癡子頓悟他的玄妙的佛法呢。然而封建文人都喜歡把自己圈囿在這樣的一種欺騙裏，以爲這樣會顯得很高深，能引來膜拜，微妙神秘這是所有剥削階級都熱衷的愚民政策在文藝上的一種反（應）〔映〕。那個時候的我雖然年輕，但已經很擅長玩弄封建文人這些把戲了，更何况，它還能讓我收獲到虛懷若谷的名聲，何樂而不爲呢。

真正的讓我立志改正寫字種種錯誤的，是張裕釗先生。啓發我向張裕釗學習的，是章太炎與魯迅等先生。這個事得倒着來説方纔明白。一九四八年的時候，在一些朋友的縱恿下，我寫了一本晉王右軍題筆陣圖後，影印出來作爲中學及小學高年級學生的習字範本之用。大家都知道我的楷書是以北碑爲根基的，但看起來又與碑學家們的碑體書法不太一樣。書法史中碑的興起雖然有很深的根由，但説它是自清代中期開始成爲一種潮流的，應該不會是太錯誤的認識。清代中期以來碑學家們的碑體書法以古拙爲時髦，它的筆畫形態大多是滯澀斷碎的，看上去是與北碑的拓片所呈現給我們的觀感是一致的。我自小學習書法取黄自元一路，固然有許多的緣故，但滿眼所見的碑體書法扭曲剥損不能給我蒙童以美術的愉悦享受並進而願意去學習它，可能是碑學家們未能預料到的。以烏、方、光爲特點的黄自元書法與館閣體，固然有種種媚俗與僵板，但它確有較爲美觀的一點優勢，蒙童較容易接受它，一般社會上也願意接受它。我們必須承認，凡是美觀的東西，必定是通體圓滿，既是通體圓滿其中必定没有一點缺陷存在的地方，有一點缺陷便不耐看了，書法也是這樣。什麼是好的書法呢，通俗一點説，就是要好看，我們的書法就是要把每個字寫好，寫得美觀。字的形體要美觀，構成形體的一點一畫也要美觀。我們不能截然説碑學家們的碑體書法是不美觀的，衹是他們的美觀與一般社會，即普通人民群衆的審美要求有很遠的距離。這便是很大的一個問題，是一個根本的問題。書法到底爲何而存在呢，它是極少數剥削階級的舊文人和官僚份子的玩物呢，還是一般人民群衆與一般社會生活中一種普通的交往媒介呢？在人民民主的新國家，這個問題問的似乎有些好笑，因爲它早已不是一個問題了。然而，在落後的、反動的、腐朽的剥削階級統治時代，這却是一個很大的問題。郭沫若主席前天在演講中説，中國的藝術史中一直就存在着剥削階級藝術觀念與人民群衆的生活藝術猛烈鬥争的問題，我覺得拿這句話來説中國書法也很正確。我們看一千多年來的中國書法史，法度森嚴的唐楷爲什麼會在漢魏六朝之後出現，以流利温潤的爲特色的趙孟頫、董其昌爲什麼會在唐宋之後出現，爲什麼書法在發展了千年之後會出現明代的臺閣體、清代的館閣體？這些都足以讓我們認識到，整齊與圓滿是書法，尤其是楷書發展的必然。蒙童雖然没有太多的知識，但他們的天真爛漫却恰成爲書法審美是否合乎真理的試金石。

過去的書論在總結前代書法成就時通常會有挂一漏萬的弊病。我發現，一般對於清代以來的碑學書法的認識存在有一些誤解。而造成這些誤解的責任須由改良派的資産階級的文人康有爲來承擔。康有爲慣於投機，實際上學術水平不高，然而他的名氣很大。他推崇點畫扭曲破碎的碑體書法，讓大家以爲碑體書法全都是這個樣子的。我年輕的時候受康有爲寫的《廣義舟雙輯》的毒害，没有想到要去親眼看看各種書法字帖，也認爲碑體書法必定全部都是點畫扭曲破碎的。《廣義舟雙輯》裏面對張裕釗有很高的評價，我起先没有見到張裕釗的書法，因此一度以爲他的書法也是康有爲一路的。章太炎先生是革命黨，多次公開的批評過康有爲，在給學生上課時説的就更多了。太炎先生很注意提醒學生們，要分辨康有爲著作中那些似是而非容易引起人誤解的地方，太炎先生批評康有爲的時候最喜歡拿張裕釗的書法來作證。

碑學家們也是以革命家自居的，他們以務必將帖學打倒在地爲革命的目的，這樣的一種革命的觀念，無疑是缺乏科學性的，算不得是真正的、進步的革命。張裕釗的碑體書法明顯是借鑒了唐碑的，匀正圓滿，絕無支離破碎的地方。法度嚴整的唐碑是碑學家們務欲棄之如敝屣的，因爲嚴整的法度與他們欣賞的扭曲破碎完全的背道而馳。革命確是需要通過打倒舊世界而重建新世界，然而破舊立新四個字不能截然當作兩件事去看待，沒有舊何來新呢，新必定要有舊作爲對應纔能顯現得出來。完全否定前代的成就，沒有來源的藝術是不存在的。我們在共產黨的領導下推翻國民黨的反動統治，建立了人民民主的新國家，但是，共產黨還是承認孫中山先生是革命黨的，沒有因爲自封爲中山先生嫡傳弟子的蔣介石的背叛革命而否定中山先生的革命貢獻。我們甚至可以説那種以完全的丟棄傳統爲革命與進步的所謂藝術的書法的革命，其實是不符合真正的革命的要求的，它必然有不合理的地方。碑學家們恰恰就是一群打着革命的旗號做了很多錯誤的過激的假革命派。

我們是得承認在清朝末年如張裕釗一樣寫碑體書法的人並不占有大多數，但是具備有這樣書學思想與書法行動的書學家，也絕不僅張裕釗一人。章太炎先生的老師是俞曲園，他便是一個對於碑學存有懷疑的書法家，他也覺得不應該把破碎扭曲當作書法的追求，我們是得承認在清朝末年如張裕釗一樣寫碑體書法的人並不佔有大多數，但是，具備有這樣書學思想與書法行動的書法家，也絕不僅張裕釗一人。章太炎先生的老師是俞曲園，他便是一個對於碑學存有懷疑的書法家，他也覺得不應該把破碎扭曲當作書法的追求，曲園先生有比較正確的對於中國書法的發展進化歷史的認識觀念。他也注意到了唐碑在中國書法發展進化歷史上居有重要的地位，所以我們看從曲園先生到太炎先生再到魯迅先生，他們師徒幾代人都研究金石碑版，都寫碑體書法，但他們的碑體書法又都絕不同於一般碑學家的碑體書法。張裕釗在湖北與河北等地講學多年，弟子衆多，他的對於碑學與碑體書法的觀念自然影響到很多人，前幾日來講法學的盧蔚乾先生是湖北浠水人，抗戰時期我們都住在重慶，久已耳聞他學的是《爨龍顔》與《爨寶子》，這都是北碑中的名品，我便以爲他是碑學家，及至他在重慶辦書法展覽，我去看了，方纔知道他原來是張裕釗的傳人，他的碑體書法是從張裕釗那裏來的。從盧先生那裏我還得到了一個啓發，我原以爲碑體書法是分爲兩派的，一派是以康有爲那樣以扭曲破碎爲美觀的，一派是以張裕釗那樣以通體圓滿爲美觀的。我却忘記了，康有爲與張裕釗在同是所謂封建時代書法家這樣一點上，其實没有區别，他們的書法是脱離了人民群衆的，是爲封建文化的傳播與剥削階級的享樂服務的。康有爲與張裕釗的書法都不具有能立即成爲人民群衆的書學工具的條件。蔚乾先生從求學時期起就參加革命，戎馬半生，他其實没有很多時間去學習書法，同時還要應付很多的宣傳與文件撰寫的需求，他如何能像一般書法家那樣去慢慢地揣摩一點一畫呢。蔚乾先生也同意我的認識，説他並不以爲這樣的環境逼迫下寫出來的書法就不能成爲書法了，蔚乾先生的書法與張裕釗最大的不同地方，就是更流利，更適宜快速的書寫，我與蔚乾先生的書法觀點不是全部一致的，但對於他使碑體書法適宜快速書寫的實驗却極表贊成。

書法的快速書寫，不單是指行筆的迅捷與時間的短促來説的。中國的文字在幾千年的演進過程中，字體經歷了不斷的調整與融合，這個調整與融合使文字的構成更具規律，文字於是更好認，更好寫，所謂的更好寫，其中便含有能够更快速書寫的意思，所以篆書與隸書一定會朝着楷書與行書去變化，楷書與行書的形態結構與點畫構成要比篆書與隸書更簡單且更規律，它們因此也比篆書與隸書更適宜快速的書寫。清代的館閣體儘管是一種没有生氣的書法，已經被歷史所拋棄，但它的體式平正與點畫結構的規律齊整，恰好適宜初學者的入手，熟練以後也恰可以使平日的書寫更爲快速。清代的讀書人參加科舉考試是必須使用館閣體的，如果館閣體不好學，不好寫，寫不快，參加科舉考試的人的數量自然就會減少。但是我們知道清代不到三百年，單單是舉人可能就有幾十萬，這在封建時代是非常巨大的個一數字，在座的有對歐洲的歷史非常熟稔的先生，更會知道這個幾十萬舉人數量是多如何的龐大了。能取得功名的讀書人如此之多，館閣體書法的體式平正與規律整齊是有一點功勞的。另外，自清代中期發明館閣體以後，衙門裏的公文就規定都要使用館閣體了，官府抄寫的各種書籍也多要使用館閣體。就拿朝廷去說，比如《四庫全書》還有各種實録之類的，都是用館閣體來寫的，一部《四庫全書》有三萬六千多册，當時抄寫了七部，據故宫博物院的同志們介紹説，當時大概抄寫一部《四庫全書》要用一兩年的時間，我自己算了一下，一天總要抄寫五十册書吧，如果寫的比較慢，這樣的工作任務如何纔能在短時間内完成呢？我在這裏講這些不是給館閣體招魂，清代之所以會有館閣體的發明，其實是有幾千年的文字的演進力量在裏面起作用的。俞曲園中過進士，張裕釗雖然衹是個舉人，但他後來被選爲内閣中書，按照清代的制度内閣中書的工作任務之一是抄寫書籍公文，選拔的要求裏面即有字迹端正這麼一條。所以説俞曲園與張裕釗對於館閣體都是非常熟稔的，而且寫得非常好，我們現在來看他們的碑體書法，在體式的平正以及點畫的勻净整齊的方面，不能説没有受到館閣體的影響，在俞曲園與張裕釗的時代，館閣體已經開始遭到社會一般人士的鄙視了，碑學家們提倡寫漢魏六朝碑版，其目的就是反對館閣體。這本來是很有進步意義的一件事，衹是大多書碑學家後來却把書法弄成了玩物，不能適宜於社會一般人士的應用的需要，成了曲高和寡的少數人的所謂『藝術』，其實是違背了碑體書法的初衷的。

歷來的封建時代的書法家，很少有真正瞭解書法史的，對於書法演進的歷史缺乏瞭解，書法對於他們來説不過是一種顯示具有與一般人民群衆不同的所謂高貴的身份的實用工具。我們不妨大膽地説，碑學家們不光是不瞭解書法的演進歷史，並且還是在走回頭路，中國書法從漢魏六朝到唐代，從追求點畫體式的恣意到講究法度筋骨，是一種進步。漢魏六朝碑版的拙野，是書法不成熟期的表現。而其扭曲破碎，一則是書寫和雕刻者都非通曉藝術之人所致，二則是一千幾百年的風雨剥蝕的必然結果。這些拙野與扭曲破碎根本就不是書法自身所應有的東西。碑學家們却恰將眼光放在這些拙野與扭曲破碎上面，放在那些書法自身不應有的東西上面。我們不能説碑學家們的碑體書法不是藝術，正如西洋美術史中有印象主義與立體主義一樣，但那樣一種的碑體書法，却不是中國書法的發展方向。俞曲園與張裕釗應該是認識到了這些，他們深知中國書法首先應該是一門實用的藝術，漢魏六朝碑版可以用來矯正帖學中流弊已久的媚俗圓潤之氣與矯揉造作之風，帖學書法中不時引入漢魏六朝碑版的一些技巧與天真自然的意蘊。但是，將書法引到一條不適合一般社會使用的路子上面去，甚至爲了寫出與衆不同的點畫而不惜運用一些古怪難受的執筆方法，肯定是有問題的。這也是我總在執筆上喋喋不休的原因。因爲我認爲這是第一步，是書法的根本。在俞曲園與張裕釗看來館閣體是必定會走向末路的，但是，社會還是需要一種適宜於一般人士平日交往，適宜於快速書寫的楷書字體。不僅他們兩個人有這樣的一種觀念，據我的淺薄瞭解，在近一百年的時間裏，尤其是近五十年以來，他們的同志正愈來愈多，不僅書法家在考慮這件事，印刷業的發明家們也在考慮這件事，並且印刷業的發明家們已經作出了很好的成績，書法家反倒是紙上談兵的多些，不大爲社會所知曉。所以，當有人慫恿我把《晉王右軍題筆陣圖後》影印出來的時候，我是很願意去做這件事的，我從不敢説自己是張裕釗的同志，應該説他是我的啓蒙先生，我是他的私淑弟子。

現在要進行文字改革，周總理希望我能提點意見建議④，講一講書法如何在文字改革中起作用，政協會組織了這麼一個學習班，請了很多先生來發言，我是來濫竽充數的，衹能講一講自己的一些經驗，算不得建議與思想。若定要有一個建議，我覺得我們現在的人民民主的新國家到處都是新的變化與氣象，它應該有屬於自己的新的通用字體，這個通用字體要是能讓工人與農民等一切勞動人民所能接受並易於他們去學習與書寫的。以前的帖學書法强調技巧的豐富與靈巧。我以爲它的走向館閣體並被歷史所拋棄，正是它因過分强調技巧的豐富與靈巧這個弊病所引致的必然結果。碑學書法雖然自它興起的時候開始，就是泥沙俱下，但是它確是有可取的優點的。把它們結合起來，應該是符合中國書法演進的規律的，並且符合我們現在文字改革的革命性要求的。我自己在這個方面有過一些試驗，也不知道能不能適應現在的革命要求，這些不是我的發明，我衹不過是沿着前輩書法家的路徑試着走了一走，覺得有一些益處，故此提出來給大家參考。

跋張裕釗草書稿

昔人有言，古之善書鮮有得筆法者。觀諸元明以來流傳墨迹，斯語益信。廉卿先生一代文宗，不薄書學，其結構雖隨時尚而筆致迥別，精心點畫，多所創獲。遂以有成揚聲奕世，可謂豪傑之才，出類拔萃者矣。即此卷稿草初非用意所爲而卓犖不苟，正非尋常所能企及，良可寶也。卷前眉上有題記數行，似是筆訣，其文云：名指得力，指能轉筆，落紙輕，入墨澀，發鋒遠，收鋒急，指腕相應，五指齊力。細繹之，微嫌有出入，或是偶爾書得，非定本也。前二語要是先生自道其平生用筆得力之秘。向來執筆五字法爲擫、押、鉤、格、抵，先生主張轉筆，因特注意於此，蓋非如此則筆轉時易出畫外故也。惟其因轉筆故不得不落紙輕入墨澀，沉着作勢，方有把握也。『發鋒遠，收鋒急』二語，是其作字時時刻刻自繩之事，有時合意有時則否者也。其末二句乃是自來書家不易之法，惟不當引入此章，謂非其類也。蓋既以大食中三指轉筆，同時復使名指力格，則其用力之輕重自有不同，未易齊一。惟五指執管不動，一致和合用力始得稱齊耳。以指轉筆即歐陽永叔所謂『指運而腕不知』者，更安得指腕相應耶？愚於此等處不能無疑，特爲拈出以諗知者。

題畢偶更檢閱一過，見卷末副紙尾別有一行作：『名指得力，指能轉筆，落紙輕，注墨辣，發墨遠，收鋒密，藏鋒深，出鋒烈。』始知先生已自易去後二語，信愚見之非妄。得一印證，私喜無已。

觀先生遺墨收鋒急速，似非所能爲，故後章易急爲密，蓋亦自知其不甚切合耳。此處可見前輩之篤實不欺。

注釋：

① 張裕釗（一八二三—一八九四年），晚清官員、散文家、書法家，其書法獨辟蹊徑，融北碑南帖於一爐，創造了『張體』，是被康有爲譽爲『千年以來無與比』的清代書法家。張裕釗字廉卿，號濂亭，

湖北鄂州人。道光二十六年（一八四六年）中舉，考授内閣中書。後入曾國藩幕府，爲『曾門四弟子』之一，被曾國藩推許爲可期有成者。生平淡於仕宦，自言『於人世都無所嗜好，獨自幼酷喜文事』，曾主講江寧、湖北、直隸、陝西各書院，培養學生甚衆，范當世、馬其昶等都出其門下。

② 楊守敬（一八三九—一九一五年），湖北宜都人，譜名開科，榜名愷，更名守敬，晚年自號鄰蘇老人。清末民初傑出的歷史地理學家、金石文字學家、目録版本學家、書法藝術家、泉幣學家、藏書家。

③ 《張廉卿先生草稿再跋》：『希逸先生持此卷來索跋語，因重看過一遍，文中有謬誤處，誠不可訂正。觀東坡歐公「當使指運而腕不知」之説，本與轉指之法無關，而爾時竟來證成轉指之説，實爲不當。觀東坡「方其運也，左右前後却不免欹側」之釋，是知與轉有異。指腕本自相應，指運則腕必隨之而運，此理甚易明也。實是説運腕，故東坡歎其語妙。質之希逸先生以爲然否？』《張廉卿草稿跋》（一九四〇年十一月十八日）、《張廉卿先生草稿再跋》（一九六二年十月十三日），見沈尹默著、馬國權編《沈尹默論書叢稿》，香港三聯書店，一九八一年七月。

④ 一九五一年十二月，政務院文化教育委員會下設中國文字改革研究委員會，沈尹默老友馬叙倫任主任委員，後沈尹默學生魏建功主持簡化漢字改革工作。其間沈尹默曾應周總理要求，多次對簡化漢字徵求意見稿提出修改意見。

胡適這個人

胡適這個人，當時在北大的李大釗、馬幼漁、錢玄同、劉半農、周作人、魯迅和我大家都把他的性格看得很明白了，包括把他從美國請回國的陳獨秀和蔡孑民先生。前人常説，見面不如聞名，這句話用在胡適身上是再恰當不過的，那時我們常有茶話和餐會，開始胡適也參加，後來大家就不喊他來，他問過幾次，大家都含糊着應承，下次仍不喊他。他也覺得無趣，就不再問了。衹是大家心裏不痛快，總是想着要把這口氣掙回來，因此在《新青年》和北大事務上常會與大家發生矛盾。起始大家覺得虧欠，畢竟是我們首先要拒絕他的，就忍讓看他。恰好《新青年》是從上海搬到北京的，大家又多是太炎先生的門生，連我也是掛着章門弟子的頭銜，纔得以到北大預科教書，他於是指我們與青幫無異，門規森嚴，外人進不得，説事也容不得耳聞。他後來竟至於與反動軍閥政客們同流合污，在北大時是可以看出些苗頭來的。那個時候的胡適已然是個兩面人，一方面自高自大唯我獨尊，一方面低聲下氣趨炎附勢。魯迅曾對我説『我們與胡適總是要分道揚鑣的』，我當時還爲他分辯了幾句。北大諸人中我給胡適説的好話最多，我以爲這纔是（圍）〔維〕護新文化運動所應當做的。幾十年後經過學習辯證和唯物主義、毛主席著作，方明白毛主席稱魯迅是文化新軍裏最偉大、最英勇的旗手，不但是最偉大的文學家而且是最偉大的思想家和偉大的革命家，是最（准）〔準〕確不過的。回想起來魯迅是將我視爲同道的，可惜我當時没有領會到這一點，日後也没有能够跟上魯迅，成了文化新軍裏的落伍兵。古人云：朝聞道夕死可矣。我現在還不敢説已經聞道了，不過藉着批判胡適思想的機會整理一下歷史過往，把自己的思想也算批判一次，總歸是好的。

獨秀的到北京大學作文科學長及《新青年》從上海搬到北京，都是我向蔡孑民先生進言的結果，而胡適的進北大又是獨秀推薦的。那時胡適還在美國，獨秀本來和他没有見過面，爲辦《新青年》拉稿子時纔時常通信。知道他喜歡發理論作文章，就向蔡先生説胡適年少有見解，教他來加入我們的革新工作是很好的。蔡先生馬上打電報到美國去請胡適，他便來到了北大作文科哲學門的教授，擔任的是中國哲學史。《新青年》原來與胡適没有關係，祇是發過幾篇稿子。獨秀到北大後《新青年》由幾個同仁分任編輯，有一期是歸錢玄同主編的，登了一篇王敬軒和林琴南新舊鬥争的文章，大部分是劉半農的手筆。半農喜歡諷刺，語言俏皮。胡博士大爲不滿，認爲這樣輕薄的文字有失大學教授們的尊嚴體統，硬要把這個雜誌編輯權歸他。這一來惹起了魯迅弟兄的憤慨，他們這樣説：『《新青年》如果歸胡適一個人包辦，我們就不投稿。』又是我多事，出頭向胡適説：『你不能包辦，萬不得已時，仍舊由獨秀收回去辦倒可以。』他當時祇好聽從我的勸告，没有達到他想拿去包辦的目的。自此魯迅便不大睬他，我又勸魯迅寬心，魯迅嗤笑我眼睛是真盲的。後來纔知道魯迅有先見之明。我這一生自以爲辦教育和寫書法兩件事是能拿來説的。獨秀説我的字俗已入骨，辦教育要識人任事。魯迅却斷言我無識人之明，所以獨秀和魯迅能成事，我却爲能否夕死之道而踟躕惆悵。當胡適那部《中國哲學史上編》出版時，我也和一般人心理一樣要看看他的本領到底怎樣了不起，會得鬨動一時。但是使我失望，這是我對他第一次的失望，我祇翻看了開頭十幾頁，便没有興趣再看下去，他寫的白話文的確很漂亮，而他的引用來證成他的論斷的古書中的文句往往不甚確切，有時且不免近於武斷，使人難以同意。不過那時的一般人對於哲學是仰之彌高的。以爲是歐美來的新學問，中國以前是没有的，故對《中國哲學史上編》預先已滿心崇敬，或者有些疑慮也認爲是歐美人最先研究，萬不可出言質問。胡適也終於没有續下去寫《中國哲學史下編》。他寫文章原不過是揚名用的，名既然有了，何苦再勞費心去寫什麽下編呢。後來又看見他爲《申報》館作的《五十年來的白話文學》，書名大致如此，記不甚清楚了。其中有這樣兩句話：『好的都是白話的，白話的都是好的。』他是一向標榜用科學方法的，是講邏輯的，我不懂這兩句話是用甚麽邏輯，甚麽科學方法得出的結論。這是第二次使我失望，比第一次還要大些。從此以後我就很少看他的東西。我常常有這樣的感覺，他寫的文字無論是散文或者是詩都很乾净，但是過分的乾净了，乾净得同燕餾水一樣，嘗起來一點味道也没有。北大派我到日本考察時，記得在京都有一回去看一位在哲學界享盛名的老教授，他向我這樣説胡適白話詩：『詩的趣味很少，論他的才情似乎還遠不及劉半農。』

胡適一貫必要顯出自己的高明，他在美國學的是西方哲學，那個時候的中華民國雖然推翻了清朝的封建帝王制度，科舉八股這一類東西更是早已被廢除，學校裏講的都是新學，但舊的文化還有很大的勢力，知識分子還都以會背幾句《論語》，會寫幾首律詩絶句爲榮耀。胡適與這些本來是毫不相干的，一般當面他也知道自己的短處，斷斷不敢參與進去，畢竟陳獨秀、劉半農、黄季剛這些人都是不肯給人留情面的。不過他也很會作在群衆中豎旗子的事。比如他見到我的時候，總會顯出一副尊重的表情，一會兒説我的書法好，一會兒説我的舊詩好，但他終究不甘心，後來就在《每週評論》上刊了一篇文章，將我的詩大大批判了一番，既是公開的批評，無論對錯都是光明磊落，我自己自然不能吭聲，朋友們也不好强出頭，於是一般人便都以爲留洋的胡博士對中國的舊詩詞有頗深的研究和見解了。胡適自認爲是中國白話詩的祖師爺，對同時也寫白話詩的劉半農、俞平伯以及魯迅必要置諸下等，以顯出他的地位來。我也學着寫着幾篇白話詩，水準確不高。他不敢指斥半農和魯迅，怕挨打挨駡，就拿我與平伯當箭垛，手法一仍其舊，還是在雜誌上刊發文章，平伯和我説不好拆自家人的臺，大家要團結和睦不要吵鬧，要我不要反駁也不要到外面去説他的陰暗面。胡適這正是猜中了我們會因爲顧全局而不與他起衝突，屢屢逞其猾狡之技。半農編過一本初期白話詩稿，不及三十首詩罷，我有九首，兼士六首，胡適祇五首，排在第三。他見了很生氣，説新文化運動如今成了章門兄弟的革命史了。半農的二弟天華還有天華的兒子都病死在美國人開的協和醫院裏面，往前説孫中山先生和梁啓超也都是在協和醫院去世的，所以半農恨極了也怕極了協和。等到半農生病，胡適硬要把他送到協和去，上午送去下去就死了。一般人祇知道胡適任的是北京大學文學院院長，却不知道他還是協和醫院開幕禮的座上賓[①]，兼着董事長的職位，這個董事直到他跑去了臺灣一直作了二十年。胡適與大家合不來，蔡孑民先生也頗覺鬱鬱，因爲胡適是他請來的。有一回我想將自己寫的一些舊詩編起來，蔡先生碰巧看見了，就寫了一篇序文。我搬過幾次家，抗戰到重慶，剛開始是連房子都没得住的，損失了很多書籍和資料。

孑民先生的這篇序文也在那時遺失了，不過印象是很深的，蔡先生在序裏面說，我的新舊詩都還可以一讀，這本是寫序者常用的客套話，不能用來證明我的詩真的就很好了。但孑民先生又說我的詩『和囂陵淺薄之流絕殊』[2]，這就不是慣常所見的虛文了。當時我還指着這一句對蔡先生開玩笑說不大敦厚，蔡先生抹了抹下頦未發一言，後來得魯迅的點醒，方纔知道孑民先生說的正是胡適。我却有些猶豫，覺這樣公開了對他不好，大家都是一個陣營的同志，總以團結爲最重要。所以在交書局出版時就自作主張撤下了蔡先生的序文。現在想一想真是迂腐，而蔡先生一早就看透了胡適鑽營霸道的不學無術的底子，大概是希望能藉着機會發難以公諸天下，可恨我竟然没有領會到他的深意，這豈僅是迂腐，完全就是可悲了。

胡適的本領專長就那麼幾樣，容易被人看穿學會，時間不久，就不足爲奇了。他心裏自然是清楚這些的，他又不肯下功夫再去學，便要打擊別人一下，顯出他別有神通。還有一種出風頭的技能，再就這一點深入研究一下，這與帝國主義反動派政客們的技倆完全一樣，平日喊出許多好聽的口號來，不過是一種引人的幌子，與他們的行爲完全不相符合的。這是我們常常可以看到可以聽到不勝枚舉的事，胡適也就是這一種類型的活躍於反動時代的政客學者。還可以舉一兩件可發笑的事，如果不是我親自看見聽見的絕不會相信。一件是陳仲恕[3]對我講，說他震於胡適大名，有一次胡博士在北大大禮堂公開演講，覺得有些耳熟，仔細想一想記得是在顏習齋書裏看見過，回去一察，果然不差。玄同也對我講，胡博士因太過忙碌，演講期到了，講稿還没有（准）〔準〕備好，就到琉璃廠書店去買了一本顏習齋書的著作，在洋車裏翻了一翻，便把這一場公開演講對付過去了，這是玄同親眼看見的。另外一件事，是因我有事到他家裏去，他那時候同張慰慈住在一起，他們是美國的同學，他們書房裏有一張大的少有的書桌，桌子中間一本一本的翻開來覆着的書，堆得像一座小墳山一樣。乍一看不免使我有點驚訝，慢慢地想了一想，纔明白了這是胡博士著書的成績，他實在没有時間仔細讀書，祇好臨時翻撿用剪報的方式去採取他所要的材料。我所以說胡博士是翻書著書，後來又知道張慰慈慣用英文講課，教授開會時也講英文，他的政治學大綱實際上是從美國大學講義翻譯過來的。因他的中文不好，要胡適給他潤色，胡博士雖也在美國讀書，英文確是不行的，故此要讓張慰慈給他代勞英語文章，所以他們住在一起是彼此有需要的地方。然而學生們還是喜歡讀他的東西，這是什麼緣故呢？一則是因爲他的文章寫的清楚容易瞭解。再則他往往單憑他的主觀願望去處理每一個問題，輕易下斷語、做結論。學生讀書少，不能够發現他的輕率武斷的毛病，反而佩服他説得那麼簡而明。其實不用簡單化的手段就可以瞭解一切學問的，凡稍微多讀幾本書的人就很容易看出他文章中的漏洞，所以我以爲他對一般人的影響是一時，不會永久的。他自己曾經説過『但開風氣不爲師』，所以開風氣這一點，一般人都認爲是他的功勞，其實新文學運動的發起人是陳獨秀，打到孔家店的主張者是吴又陵④，他不過是跟着盡了一些宣傳的力量。他又善於自吹自播，一般人不知底裏，却把這個功勞於他一個人的身上去了。於他自己而言，這却是一大恨事，五四運動起來時，他恰恰因爲丁優回到安徽老家去，並没有參與這偉大事件的發動，風頭讓傅斯年和兼士諸人搶去了，於是大爲不滿，等他回到北京，聽了各樣的謠傳，誤把沈三當作了沈二，以故一到就向我提出許多責難。一面説這是非常時期，你們應該採取革命的非常手段，一面又説學生這個時候不應該罷課，我要勸他們立刻復課，我要等學生開大會時去講話。阻攔他不住，終於到會上講了話，但没有人理睬他，討了個没趣，他又提議把北大遷到上海去，因他原是上海中國公學的學生，想要把北大併到中國公學去，我雖一貫給他説好話，這個時候也不得不堅決反對，北大終未分裂。胡適後來終於當了中國公學的校長。張慰慈也順便被他帶到了上海。他是是個頭等喜歡出風頭的人物，所以他到了北京被研究（係）〔系〕一勾引便鬼混到一起去了，什麼學問也好，政治也好，在他都不過借來作爲出風頭的工具而已。

胡適的學問如何，慢慢的大家都知道了，衹是不好説破。他既是没有人去説，一般人家便越發以爲胡博士實在了得。胡博士有了學術名聲，進而想當官了，大家都知道胡適當過駐美國的大使，那是抗戰時的事。對於他當大使，大家都表示理解，也表示尊敬，認爲他是爲抗戰作貢獻。實則胡適很早就想當官，當大使不過是借着抗戰的名頭，實現他的官夢罷了。胡適到北大時，正是北大大事改革的時期，教授評議會，教務處相率成立。教務長一職，蔡先生本來屬意於胡適，但理科有許多教授很不贊成，有人揚言：萬一胡適當選，我們要鬧一鬧。我聽見了就向蔡先生商量，我説他年青，學校方面應該愛護他，讓他能够專心一志去好好地研究學問，事務上的瑣屑工作可以暫且不要煩勞他纔好。蔡先生同意了我的意見，結果法科的馬寅初當選了教務長。但胡適因此對於我大不快意，他向我説：『尹默，我向來對於舉辦任何的事情，都是喜歡做第一位的主持人，這次不讓我當第一任北大教務長，我是很不高興的。』後來馬寅初先生因病要請假，理科公推俞同奎先生代理，俞先生是京師大學堂時期的留洋學生，聲望很高，胡適造輿論説俞先生的祖父俞曲園投靠過湘軍，後來又反對孫先生的革命，縱使有一點從英國帶回來的科學思想，却絶無民主的血液。那時候孫中山先生扶病到北京與反動軍閥會商國是，不幸去世，舉國正在悲望之際，所以胡適此言一出，連代理校長蔣夢麟都無話可説。我們更是衹好附和以顯新陣營的團結和對舊陣營的决絶，蔣校長不甘被胡適愚弄挾持，在各學校開展中山先生追悼會時，就將北大代表名單上的胡適給劃掉了。實則同奎先生與曲園同宗却非同族，胡適自然是知道這個的，他這樣説，除了自己想當教務長，務將同奎先生擠下去，另一層意思是要扎一下平伯。平伯是曲園嫡曾孫，舊學的功夫自是深厚，且又是最早寫白話詩的人。胡適衹有白話詩是最大的本錢，豈能容平伯在前，故此總想辦法弄壞平伯的名聲。半農曾説胡適慣會借刀，出處就在這裏。

凡學校裏的官職，胡適没有不感興趣的。有一回北大選舉評議員，李大釗和胡適均當選，胡適選舉票多於大釗。胡適見了大釗速速打躬説：『絶非有意。』不久又選舉評議員，大釗票較胡適爲多，時大釗立於牆角，胡適坐中排，大釗於是高喊：『適之適之，淚且拭去，我絶未有意多汝票數。』衆人皆訕笑不止。再後來，選舉教員代表，胡適就乾脆落選了，因爲大家都知道其人如何了。胡適當官並無做事的打算，他在北京大學當評議員却很少參加評議會，因爲評議會要討論與反對政府的種種對策，胡適是避之唯恐不及，且因評議會常有抗議反動政府的提案，胡適生怕反動政府和官僚誤會了他，於是每每以評議員資格聲（名）〔明〕反對評議會的决議案。北京大學宣告脱離教部，當時恰好我也是評議員，是主張脱離教育部的，胡適每見了我，趁着有學生、教授經過，便會大聲的説：『尹默能賣字，可以不要政府的薪水，我胡適之没別的本領，却衹好餓死在書桌前。』評議會爲北京大學最高機關，反動政府也得承認，胡適屢次質疑無果後，竟提出政教分離主張，糾合了一幫人召開評教聯席會議，强行表決將評議會置於教務會議之下，充當了反動軍閥控制分離北京大學的走卒。可笑的是，此事之後胡適仍要參選評議員，當時已無人敢開罪他，所以他竟又當選自己反對之評議會評議員。胡適的人格可見一斑了。抗戰勝利後，國民黨的《中央日報》上有記者説：『美國對中國援助是胡大使努力所致的。』結果明白人一聽這話，就曉得荒唐至極，胡適却腆然受之，厚顔竟至如此。

注釋：

① 北京協和醫學院由美國洛克菲勒基金會投資，於一九一七年建成。胡適參加了開幕式，並對小洛克菲勒説：『中國一百年來没有這麽莊嚴的儀式。』

② 蔡元培在《秋明室詩稿》序中對沈尹默在『五四』時期創作的新詩有如下的評價：『沈君尹默，既應時勢之要求，與諸同志提倡國語的文學，時時爲新體詩，則輯録庚戌以來舊作，爲《秋明室稿》以示余。余維吾國之詩，以抒情爲限，情之表示，自以《禮記·經解》「温柔敦厚」四字爲正宗。太史公所謂好色而不淫、怨誹而不亂，亦其義也。齊梁以後，始有輕薄側艷之作。中唐以後，始有粗厲生硬之作。承其流者，務撏扯僻典，蓋和險韵，矜使才氣而已，非所以抒情也。清季以來，健者好效宋體，間有一二以俳冶自喜。而君所作，乃獨不失温柔敦厚之旨。宜乎君所爲新體詩，亦復藴藉有致，情文相生，與淺薄叫囂者不可同日語也。』

③ 仲恕：指第一屆全國政協副主席陳叔通之兄陳漢第。陳漢第，字仲恕，號伏廬。清季翰林，辛亥革命

後任總統府秘書、國務院秘書長、清史館提調等職，杭州求是書院創辦人之一，長期擔任故宫博物院委員。

④吴又陵：吴虞，生於一八七二年。一九一一年陳少荆在成都創辦《公論日報》聘其爲主編，曾發表《道家法家均反對舊道德論》《吃人與禮教》等文章，站在反儒前沿，引起社會轟動。胡適稱其爲『隻手打孔家店老英雄』。